V&R

Täglich leben – Beratung und Seelsorge
In Verbindung mit der EKFuL
herausgegeben von Rüdiger Haar

Meinolf Peters

Leben in begrenzter Zeit
Beratung älterer Menschen

Vandenhoeck & Ruprecht

Bibliografische Information der Deutschen Nationalbibliothek
Die Deutsche Nationalbibliothek verzeichnet diese Publikation in der
Deutschen Nationalbibliografie; detaillierte bibliografische Daten sind
im Internet über http://dnb.d-nb.de abrufbar.
ISBN 978-3-525-67011-8
ISBN 978-3-647-67011-9 (E-Book)

© 2011, Vandenhoeck & Ruprecht GmbH & Co. KG, Göttingen /
Vandenhoeck & Ruprecht LLC, Oakville, CT, U.S.A.
www.v-r.de
Alle Rechte vorbehalten.
Das Werk und seine Teile sind urheberrechtlich geschützt.
Jede Verwertung in anderen als den gesetzlich zugelassenen Fällen bedarf
der vorherigen schriftlichen Einwilligung des Verlages.
Printed in Germany.

Satz: SchwabScantechnik, Göttingen
Druck und Bindung: ⊕ Hubert & Co, Göttingen

Inhalt

Vorwort 9

1. Facetten der Beratung Älterer –
   Einleitende Fallbeispiele 13
2. Altern in heutiger Zeit – Von Licht und Schatten 17
   2.1 Die vielen Gesichter des Alters 17
   2.2 Altern als Sein zum Tode 21
   2.3 Vom Sinn der gewonnenen Jahre 24
   2.4 Die Bürde der Vergangenheit 30
   2.5 Eine neue Generation wird alt 35
   2.6 Wozu brauchen wir noch Religion? 38
3. Beratungsanlässe und -themen – Konflikte, Krisen,
   Belastungen 43
   3.1 Krise und Entwicklung – Die innere Welt
       erneuern 43
       3.1.1 Wer bin ich? – Identität im Alter 43
       3.1.2 Wenn die Zeit verrinnt – Die existenzielle
             Dimension 47
       3.1.3 Alter, Einsamkeit und die Frage
             nach dem Sinn 50
       3.1.4 Eine besondere Problemgruppe –
             Männer im Alter 54
   3.2 Gefährdungen von außen – die soziale Welt
       sichern 58
       3.2.1 Ein Weg ins Abseits? – Soziale Abwertung   58

  3.2.2 Wenn die Entfremdung droht – Liebe,
     Ehe, Erotik 62
  3.2.3 Spannungen und Enttäuschungen –
     Die erwachsenen Kinder 67
  3.2.4 Wehe dem, der jetzt keine Heimat hat –
     Wohnen und Umwelt 71
 3.3 Besondere Belastungen – Grenzen werden
   spürbar 75
  3.3.1 Der lange Abschied – Belastungen
     durch Pflegeaufgaben 75
  3.3.2 Wenn der Schrecken wiederkehrt –
     frühe Traumata 80
  3.3.3 Wenn die Seele Hilfe braucht –
     Psychische Störungen 86
  3.3.4 Die dunkle Seite des Alters –
     Verlust und Trauer 90
  3.3.5 Eine Bürde des Alters – Krankheit und
     Gebrechlichkeit 95
  3.3.6 Eintritt in eine fremde Welt –
     Übergang ins Pflegeheim 98
  3.3.7 An der Grenze des Lebens –
     Tod und Sterben 103

4. Gibt es ein gelingendes Altern? – Perspektiven
 psychosozialer Beratung 109
 4.1 Generativität – zu einem erfüllten Leben 109
 4.2 Integrität – Sich mit dem Leben aussöhnen 112
 4.3 Weisheit – antiquiertes Konzept oder
   doch nützlich? 115
 4.4 Demut im Alter – Das Leben als Fragment 118
 4.5 Das Leben in der Gegenwart – Die Zumutungen
   des hohen Alters 121

5. Die Beratung älterer Menschen – Hemmnisse,
 Probleme, Möglichkeiten 125
 5.1 Beratungsangebote und Versorgungsstrukturen 125

5.1.1 Seniorenberatung heute – Angebote,
   Leistungen, Defizite 125
 5.1.2 Versorgungsstrukturen für psychisch
   belastete Ältere 127
 5.1.3 Beratung Älterer im kirchlichen Kontext –
   Versäumnisse und Chancen 129
5.2 Beratungsbeziehung und Beratungsprozess 132
 5.2.1 Heimliche Verbündete – Was das
   Vermeidungsbündnis zusammenhält 132
 5.2.2 Gespräche mit Älteren – Eine schwierige
   Begegnung 134
 5.2.3 Die Beratungsbeziehung – Unbewusste
   Verstrickungen 137
 5.2.4 Eine hilfreiche Beziehung entwickeln –
   Begegnung zulassen 139
 5.2.5 Den Beratungsprozess entfalten – anregen,
   ermuntern, erproben 141
5.3 Zukünftige Entwicklungen – Zwischen Hoffen
   und Bangen 143

6. Epilog – Von der Aneignung des Alters 147

Adressen und Hilfeeinrichtungen 151
 Organisationen und Verbände 151
 Hilfen für psychisch belastete oder kranke
 ältere Menschen 152
 Fortbildung 153
 Zeitschriften 153

Literatur 154

Vorwort

Die Erfahrung, dass Leben begrenzt ist, drängt sich im Alter immer mehr auf. Doch es fällt älteren Menschen schwer, sich dieser Tatsache zu stellen, es bereitet ihnen oft genug seelische Schmerzen und oder ruft gar ein Aufbegehren hervor, so vergeblich auch immer dies sein mag. Der große italienische Philosoph Noberto Bobbio bekannte, er kenne die Grenze wohl, aber er akzeptiere sie nicht, er gestehe sie sich ein, aber nur, weil er nicht anders könne (Bobbio 1997). Er hatte sein neunzigstes Lebensjahr bereits überschritten, als er diese Worte schrieb, befand sich also in einem Alter, das zu erreichen Älteren früherer Epochen kaum einmal vergönnt war. Das Leben hat sich enorm ausgeweitet, die Lebensgrenzen sind nach oben verschoben, und manchmal regt das die Illusion an, das Alter habe seinen Schrecken verloren. Tatsächlich haben sich die Möglichkeitsräume im Alter enorm ausgeweitet, nie zuvor bestand eine so große Chance, das Alter selbst zu gestalten, was zur Vielfalt heutigen Alterns geführt hat. Und dennoch ist die Tatsache der Endlichkeit des Lebens nicht aus der Welt zu schaffen. Durch diese fundamentale Ambivalenz ist und bleibt das Alter geprägt, an ihr leiden die Menschen, aber sie bietet auch die Chance, daran zu wachsen.

Der Vielgestaltigkeit der Chancen heutigen Alterns steht jedoch eine ebensolche Vielfalt an Problemen und Konflikten gegenüber. Altern in der Postmoderne ist in mancher Hinsicht vielleicht auch leichter geworden, vor allem aber ist es anders geworden. Daran aber haben sich auch die Hilfen, die Älteren angeboten werden, auszurichten. Psychosoziale Beratung ist eine der Hilfen, für die ein wachsender Bedarf besteht, entwickelt sich doch die moderne Gesellschaft zunehmend hin zu einer Beratungsgesellschaft (Keupp 2004), und dies gilt nicht zuletzt auch für den älteren Teil dieser Gesellschaft. Doch die Realität heutiger Alten- und Seniorenberatung hinkt dieser veränderten gesellschaftlichen Realität hinterher. In diesem Buch wird von einem erweiterten Beratungsverständnis ausgegangen, in dem Ältere nicht allein als Hilfeempfänger oder Objekte von Fürsorge gesehen werden, sondern als Subjekte, die zu Identitätsarbeit und zu reflexivem Handeln befähigt sind. Vor einem solchen Hintergrund wird Beratung zu einem Instrument zur Förderung von Identitätsarbeit, so wie es Keupp (2004) heraus gearbeitet hat (Peters 2004, 2006, 2009).

Dass gerade den Kirchen hier eine besondere Rolle zufällt, ist kein Zufall, haben doch viele Ältere zu kirchlichen Räumen einen leichteren Zugang als zu anderen gesellschaftlichen Bereichen. Kirchlichen Angeboten, seien es seelsorgerische, gemeindepädagogische oder Beratungsangebote, fällt eine wichtige Aufgabe im Hinblick auf die Integration älterer Menschen und die Entwicklung einer altersfreundlicheren Kultur zu. Nur diese erlaubt es alten Menschen, sich weiterhin als wertvolles Mitglied der Gemeinschaft fühlen zu können und einen Umgang mit den dunklen Seiten des Alters zu finden. Doch erst allmählich scheint in den Kirchen die Bereitschaft zu wachsen, sich aus einem allein traditionellen Verständnis von Altenarbeit zu lösen und sich auf ein verändertes Alter einzustellen. Ein wichtiger Schritt in diese Richtung ist die Orientierungshilfe des Rates der Evangelischen Kirche in Deutschland mit dem Titel: *Im Alter neu werden können* (EKD 2009a). Hier ist bereits eine pragmatische Aussage formuliert, die erkennen lässt, dass die Veränderungen, die das Alter gegenwärtig durchläuft, erkannt und Überlegungen angestellt werden, wie die Evangelische Kirche sich darauf einstellen kann. Allerdings wird darin die Bedeutung von Beratung nicht reflektiert. Weder auf der Homepage der Evangelischen Kirche Deutschlands noch in der Evangelischen Arbeitsgemeinschaft für Altenarbeit (EAfA) wird die Beratung Älterer als eigenes Thema erwähnt. Es ist das Anliegen des vorliegenden Buches, auf diese Bedeutung angesichts eines sich wandelnden Alters hinzuweisen.

Bei der Erstellung des Buches war mir Herr Rüdiger Haar, der die Beratungsreihe herausgibt, jederzeit eine große Hilfe, weil er stets ein offenes Ohr hatte. Für die inhaltlichen Diskussionen und die Korrekturarbeiten bin ich besonders meiner Frau, der Diplom-Psychologin Gabriele Herkner-Peters dankbar. Ich hoffe, dass das Buch eine Anregung sein wird, sich den oft schwierigen Fragen des Alterns zu stellen, sowohl denen, die unsere Klienten an uns herantragen, als auch denen, die in unserem eigenen Leben entstehen.

1. Facetten der Beratung Älterer – Einleitende Fallbeispiele

Die 72jährige Frau Busch[1] wurde in der Beratung vorstellig, nachdem sie bereits in einem vorab geführten Telefonat ihr Gefühl der Erschöpfung und Überforderung deutlich zum Ausdruck gebracht hatte. Sie kam mit einem ausgeprägten Entlastungswunsch ins Erstgespräch und rückte mit Verweis auf Hörprobleme den Stuhl nah an den Berater heran, was diesem spürbares Unbehagen bereitete und ihn zurückweichen ließ. Sie schilderte nun überhastet und voller Druck zunächst ihre eigene gesundheitliche Situation, v.a. ihre koronare Herzerkrankung, die erst vor wenigen Wochen zu einer Stentimplantation geführt hatte; zwei Jahre zuvor hatte sie bereits einen Herzinfarkt erlitten. Vor allem aber sei sie völlig erschöpft und überfordert mit der Pflege des Ehemannes. Sie fühle sich von ihm bedrängt, er lasse ihr keine Freiheit, erwarte zu viel von ihr und habe kein Verständnis für ihr Gefühl der Überforderung. Der Ehemann war infolge einer Parkinson-Erkrankung schwer pflegebedürftig, und obwohl er inzwischen tagsüber in einer Tagespflegeeinrichtung untergebracht war, erlebte sie dies doch kaum als Entlastung. Es schien, dass ihr Gefühl der Überforderung nicht allein aus den tatsächlich anfallenden Pflegeaufgaben herrührte, sondern noch andere Quellen hatte. Tatsächlich war bereits ein Pflegedienst eingeschaltet gewesen, diesen hatte sie jedoch wieder abbestellt, weil sie ein Entlastungsangebot nicht annehmen konnte. Jetzt sogleich ein Case Management in Gang zu setzen und weitere Entlastungsmöglichkeiten zu schaffen, erschien keineswegs sinnvoll. Es war also nicht zu umgehen, die Gesamtsitu-

---

[1] Der Name wurde geändert

ation genauer zu betrachten, wobei folgende Geschichte sichtbar wurde. Bei dem Ehemann handelte es sich um ihre Jugendliebe, die sie jedoch damals auf Drängen der Eltern aufgegeben hatte. Beide hatten andere Partner gewählt, doch vor einigen Jahren, nachdem die Ehefrau des Mannes verstorben war, setzte er sich erneut mit ihr in Verbindung. Sie schilderte, wie sie seine Arbeitsstelle aufsuchte, um ihn dort abzufangen, und als sie auf ihn traf, hakte sie sich bei ihm unter, und sie liefen Seite an Seite, als ob sofort die alte Vertrautheit zurückgekehrt sei und ihr Verliebtsein die Zeit überdauert habe. Zu Hause legte sie ihrem Mann einen Zettel hin, dass sie ihn verlasse, und lebte nun mit der alten, nun wieder jungen Liebe zusammen. Dass er ihr schon damals mitgeteilt hatte, dass er an Parkinson leide, hatte sie geflissentlich überhört, zu einem Zeitpunkt, als das Alter näher rückte, war sie in ein Gefühl von Jugendlichkeit geflohen, in dem Einschränkungen keinen Platz hatten. Doch nun war diese Phantasie durchkreuzt, sie war in den Strudel eines belasteten Alterns geraten und in Loyalitätskonflikten, Schuldgefühlen und Trennungswünschen gefangen. Die davon ausgehende Lähmung ließ sie den Alltag als große Last erleben.

Der zweite Klient, Herr Teichmann, suchte kurz vor seinem 60sten Geburtstag die Beratungsstelle mit dem Wunsch auf, kein knottriger Alter werden zu wollen. Es handelte sich um einen stillen, zurückgezogenen Mann, der ganz offensichtlich einer anderen Kohorte Älterer angehörte als Frau B.. Er hatte sich in den 60er Jahren an den damaligen Protesten beteiligt, Drogenerfahrungen gesammelt, ein Studium abgeschlossen, das als Broterwerb nicht taugte, und danach eine handwerkliche Ausbildung absolviert. Dann hatte er einige Jahre in einem alternativen Betrieb zugebracht, um nun seit Langem in einer Behinderteneinrichtung tätig zu sein. Von seiner ersten Frau, mit der er drei erwachsene Kinder hatte, hatte er sich getrennt, nun lebte er mit einer deutlich jüngeren Frau zusammen, mit der er einen gerade schulpflichtigen Sohn hatte. Von seiner zweiten Frau, die sehr aktiv und umtriebig war, fühlte er sich vernachlässigt, und um sie zu binden, hatte er sich, wenn auch widerwillig, einverstanden erklärt, an einem neuen Wohnort mit ihr ein Haus zu bauen, das nun gerade bezogen worden war. Kurz vor seinem sechzigsten Geburtstag hatte er einen Traum, dass zur Geburtstagsfeier die Treppe noch nicht eingezogen sein könnte. Dieses Bild spiegelte symbolisch die Angst vor dem neuen Lebensabschnitt wieder, die Angst, den Übergang nicht zu schaffen, abgeschnitten zu sein, endgültig die Bindung zu verlieren, eine lebenslang bestehende Angst wieder zu erleben, stammt er doch aus einer kinderreichen, gut bürgerlichen Familie, in der er sich immer am Rande fühlte. Erst gerade hatte er die Erfahrung gemacht, dass die in einem Heim lebende Mutter bei der Feier zu ihrem Geburtstag eine Rede hielt, in der sie alle Kinder namentlich erwähnte, nur ihn vergessen hatte. Er hatte sich tief in sein Inneres zurückgezogen, suchte nun die Ehe- und Lebensberatungsstelle auf, um seine Ehe zu retten, in der er sich vernachlässigt fühlte. Der Alltag war zu einer spannungsreichen, ja manchmal qualvollen Angelegenheit geworden.

Es handelt sich um zwei sehr unterschiedliche Beratungsfälle, die die Spannweite heutiger Seniorenberatung verdeutlichen. Frau Busch, bei der eine komplexe Überforderungssituation vorliegt, ist sicherlich auf die etablierten Hilfen bei Demenzerkrankungen, bzw. für pflegende Angehörige angewiesen. Doch diese waren bereits einmal gescheitert, und dazu mag neben der Verleugnung eigener Hilfsbedürftigkeit auch das Gefühl des Scheiterns ihres Altersmodells beigetragen haben. Das unbewusste Konzept, die eigene Jugend im Alter noch einmal aufleben zu lassen und sich leiten zu lassen von einem neuen Gefühl des Verliebtseins erwies sich als nicht tragfähig. Damit aber war sie mit der bisher abgewehrten Frage konfrontiert, welche Bedeutung sie ihrem Leben im Alter geben könne. Die Konfrontation mit den Schattenseiten des Alters stellte sie vor ein fundamentales Identitätsproblem, das in dem Beratungsprozess nicht ausgeklammert werden konnte. Herr Teichmann hingegen gehörte einem völlig anderen Typus älterer Ratsuchender an, die keine herkömmliche Altenberatungsstelle aufsuchen, sondern sich an eine Ehe- und Lebensberatungsstelle wenden, um dort sogleich ihre Identitätsproblematik zu thematisieren.

2. Altern in heutiger Zeit – Von Licht und Schatten

2.1 Die vielen Gesichter des Alters

Wenn Sie, lieber Leser, vielleicht selbst nicht mehr ganz jung, sich einen Augenblick Zeit nehmen, um sich an diejenigen alten Menschen ihrer Kindheit und Jugend zu erinnern, die in ihnen Spuren hinterlassen haben, dann wird möglicherweise ein Bild ähnlich dem folgenden vor Ihren Augen erscheinen: Eine alte Frau vielleicht, mit runzeliger Haut, die Haare hinten zu einem Dutt zusammen gebunden und von einem Haarnetz zusammengehalten, schwarz, allenfalls von ein paar Grautönen durchsetzt gekleidet. Im gebeugten Gang zeigen sich deutlich die Spuren eines arbeitsreichen Lebens. Dieses unscheinbare Äußere mag den Leser dann auch an das unauffällige Leben älterer Menschen in früheren Zeiten erinnern, das sich gleichförmig auf ein baldiges Ende hin zu bewegen schien. Selbst dann, wenn die Erinnerung eher etwas sentimental gefärbt ist und der Großvater oder die Großmutter vor dem inneren Auge erscheinen, die im Sessel sitzend bereitwillig aus ihrem Leben erzählen oder ihnen Geschichten vorlesen, so bleibt doch der Eindruck, dass Ältere in der Vergangenheit lebten und kaum mehr für Neues offen waren. Es hat sich ein Bild in uns festgesetzt, in dem alte Menschen als erstarrt und unflexibel, zu keiner Veränderung mehr fähig erscheinen, als sei das Leben zum Stillstand gekommen; und tatsächlich bot es im Alter in früheren Zeiten auch kaum Gestaltungsmöglichkeiten.

Doch das Alter hat sich bis heute aus dieser Erstarrung mehr und mehr gelöst. Es hat sich zeitlich ausgedehnt in einer

Weise wie nie zuvor in der Geschichte, und jährlich steigt die Lebenserwartung um etwa 3 Monate. Ein heute 60jähriger Mann hat noch eine zu erwartende Lebenszeit von 22., eine 60jährige Frau von 27 Jahren. Diese gewonnenen Jahre (Peters 2008a) haben die Gliederung des Lebenslaufs verändert. Alter ist nicht mehr nur Restlebenszeit am Ende des Lebens, so wie es in dem obigen Bild der alten Frau erscheint. Alter ist zu einer eigenständigen, zu gestaltenden Lebensphase geworden. In dem das eingeschränkte, gesundheitlich belastete Alter im Lebenslauf nach oben verschoben wurde, ist mit dem jungen, noch aktiven und meist noch relativ gesunden Alter ein völlig neuer Lebensabschnitt entstanden. Für diesen neuen Lebensabschnitt bürgert sich zunehmend der Begriff des dritten Alters ein, während das vierte Alter das hohe, betagte Alter meint. Mancherorts wird das dritte Alter als die neue Freiheit beschrieben, die entsteht, wenn die beruflichen und familiären Pflichten zurücktreten, aber die Einschränkungen des hohen Alters noch fern genug sind.

Noch in anderer Hinsicht hat sich das Alter ausdifferenziert, sind doch Menschen niemals zuvor im Leben so unterschiedlich wie im höheren Lebensalter. Wir finden gegenwärtig unterschiedlichste Formen und Facetten des Altwerdens, die kein Stereotyp zu erfassen vermag. Im Alter kumulieren sich Differenzen unterschiedlichster Art, seien sie ökonomischer Art, durch die Familien- und Bildungsgeschichte beeinflusst oder durch die Art des Lebensstils und der Lebensführung, was nicht zuletzt auch gesundheitliche Auswirkungen hat. In welcher Form das Alter die eigene Auffassung vom Leben widerspiegelt, hat Noberto Bobbio (1997) in bildhafter Form beschrieben: »Noch im Alter wird deine Einstellung zum Leben davon geprägt, ob du das Leben wie einen steilen Berg begriffen hast, der bestiegen werden muss, oder wie einen breiten Strom, in den du eintauchst, um langsam zur Mündung zu schwimmen, oder wie einen undurchdringlichen Wald, in dem du herumirrst, ohne je genau zu wissen, welchen Weg du einschlagen musst, um wieder ins Freie zu kommen. Es gibt den heiteren Alten und den traurigen Alten, den zufriedenen, der gemächlich an das Ende seiner Tage gelangt ist, den unruhigen, der sich vor allem an die Stürze in seinem Leben erinnert und ängstlich auf den letzten wartet, von dem er sich nicht wieder erheben wird; es gibt den, der seinen Sieg auskostet, und den, der seine Niederlagen nicht aus dem Gedächtnis streichen kann. Und es gibt die unzurechnungsfähigen Alten, Opfer einer grausamen Strafe, deren Gründe sie und wir nicht kennen.« (37). Das Alter hat sich ausdifferenziert und zunehmend zu einer dynamischen, offenen Lebensphase gewandelt, die eine Vielzahl an Pfaden des Älterwerdens hat entstehen lassen.

Die Wirklichkeit des Alters hat sich also verändert, aber haben sich auch unsere Bilder vom Alter verändert, oder wirken in diesen noch frühere, von der Großelterngeneration geprägte Altersbilder nach, Bilder, die sich in unserem Unbewussten abgelagert haben und im Hintergrund wirksam geblieben sind? Viele Berater, Therapeuten und Seelsorger werden ein solches Altersbild in sich entdecken können, wenn sie ernsthaft danach forschen – ein Bild, das dazu verleitet, Älteren mit einer verborgenen Skepsis zu begegnen, sich von ihnen eher fern zu halten und auch das eigene Alter beiseite zu schieben. Der 2010 erschienene 6. Altenbericht der Bundesregierung hat sich umfassend mit dem Thema Altersbilder befasst (Altenbericht 2010). Darin wird für verschiedene gesellschaftliche Felder herausgearbeitet, dass auch die Altersbilder einem Wandel unterliegen und wir zunehmend differenzierte Altersbilder vorfinden. Dies gilt auch für den kirchlichen Bereich, wo eine Studie an Pastorinnen und Pastoren erbrachte, dass diese sehr wohl eine differenzierte Vorstellung von älteren Menschen haben. Doch das schlägt sich in der Praxis kirchlicher Seniorenarbeit kaum nieder, hier wird eine andere, vielleicht verborgene Dimension wirksam (Klostermeier 2009). Auch in anderen gesellschaftlichen Bereichen hinkt die Entwicklung deutlich hinterher, trotz anderslautender Bekundungen kommen im konkreten Handeln und im Umgang mit Älteren oftmals wieder die alten, negativen Bilder zum Tragen, die in unseren Köpfen noch nachwirken. Eine negative Sicht des Alters ist also keineswegs überwunden.

Besonders im öffentlichen Diskurs über das Alter lässt sich manchmal auch ein Umkippphänomen beobachten, d.h. eine Umkehrung des negativen hin zu einem positiven Altersbild, und manchmal scheint es, als ob nur noch von der ›schönen neuen Welt des Alters‹ die Rede ist. Wir leben derzeit in einer doppelten Wirklichkeit, einerseits werden zunehmend die Potenziale und Chancen des Alters hervorgehoben, andererseits ist die negative Seite des Alters davon manchmal wie abgetrennt, projiziert auf die betagten Menschen, auf das vierte Alter. Wir müssen heute eine Spaltung des Alters konstatieren, einerseits hat sich das noch junge, das dritte Alter als gesellschaftlich tendenziell integrierter und anerkannter Teil des Alters etabliert, andererseits wird das eingeschränkte Alter umso mehr an den Rand gedrängt. Die Geschichte des Alters zeigt, dass Altersbilder zu polaren Ausgestaltungen neigen, gerade darin zeigt sich das tief verwurzelte Unbehagen, das mit dem Alter verbunden und nicht aus der Welt zu schaffen ist. Eine reflektierte Haltung dem Alter gegenüber, die beides zu verbinden vermag, ist schwer zu finden.

Das Leben im Alter bürdet dem Menschen Leid auf, es konfrontiert mit Zumutungen und führt an Grenzen, die das Leben in seiner existenziellen Grundverfassung spürbar werden lassen. Zwar erleben wir mehr und mehr auch eine Sonnenseite, doch Sonne kann blenden, und man übersieht allzu leicht die Schatten, die das Alter wirft und denen man nicht entkommen kann. Eine tiefe und nicht aufzulösende Ambivalenz durchzieht das Alter, Licht und Schatten wohnen dicht beieinander. Diese Schatten werden mit zunehmendem Alter immer länger und drohen das Leben zu verdunkeln.

2.2 Altern als Sein zum Tode

Blättert man in bestimmten Zeitschriften, deren Herausgeber annehmen, dass bevorzugt Ältere vielleicht beim Friseur oder beim Arztbesuch sie in die Hand nehmen, so stößt man unweigerlich auf eine ganze Palette von Angeboten, die das Etikett Anti-Aging tragen; bevorzugt handelt es sich dabei um Haut- oder Gesichtscremes, aber auch Nahrungsergänzungsmittel oder Anzeigen für Seminare, Kurse etc, die für gutes Geld angeboten werden. Es scheint sich zu lohnen, und tatsächlich weist die Anti-Aging-Branche beträchtliche Zuwachsraten auf. Die schöne neue Welt des Alters spricht viele Menschen an, die Aussicht auf eine verlängerte Jugend, die Abwendung von den bedrohlichen Vorboten des Alters, all das verlockt die Menschen, zumal in einer Gesellschaft, in der Alter trotz aller Wandlungen weiterhin als ›Störfall‹ im gesellschaftlichen Getriebe gilt (Schachtner 1988, vgl. auch Peters 2008). Die ›schöne neue Welt‹ des Alters ist unaufhaltsam auf dem Vormarsch und Teil der Alles-wird-gut-Gesellschaft, in der das positive Denken verordnet und Optimismus als Opium unters Volk gestreut wird, so Ehrenreich (2010) in ihrem Buch *Smile or Die*, eine Gesellschaft, die nicht mehr wahrhaben will, dass sie sterblich ist. Unsere postmoderne, globalisierte Welt sucht das immer Neue, eilt in einem immer höheren Tempo voran und vermag dem Tod kaum noch einen angemessenen Platz einzuräumen. In einer Gesellschaft, die alles zu kontrollieren sucht, symbolisiert der Tod das Unkontrollierbare: Die Unbeherrschbarkeit der Natur. Im Zuge der Individualisierung und Pluralisierung, die dem Einzelnen immer mehr Verantwortung für sich selbst überträgt und in der sich die traditionellen universalen Sinnzusammenhänge auflösen, aus denen der Tod gedeutet wurde, wird auch diese Aufgabe dem Einzelnen anheim gestellt. Auch dadurch, dass der Einzelne auf sich selbst zurückgeworfen ist, so Nassehi und Weber (1989), wird einer Verdrängung des Todes Vorschub geleistet.

Doch es wäre zu leicht, allein die globalisierte Welt und den Zeitgeist für diese Strömung verantwortlich zu machen oder gar die geschickten Werbestrategen anzuprangern, die hier zweifellos am Werke sind und die geheimen Sehnsüchte der Menschen für ihre Geschäfte zu nutzen wissen, Sehnsüchte allerdings, die tief im Menschen verankert sind und die sich immer wieder Wege gebahnt haben. Blicken wir zurück in die Geschichte, finden wir ähnliche Bemühungen, so lange die Menschheitsgeschichte zurückreicht, heute kommen sie nur in modernem Gewande daher. Im Buch Genesis wird von den ›Urvätern‹ und hebräischen Patriarchen berichtet, die ›Altersrekorde‹ erzielten: Adam wurde 930 Jahre alt, Seth 912, Noah 950 usw.. Langlebigkeit, Alterslosigkeit und Verjüngung treten immer wieder in verschiedenen Mythen auf, etwa im Gilgamesch-Epos, einer der ältesten überlieferten literarischen Dichtungen. Nachdem Gilgamesch erkannt hat, dass das ewige Leben nur für die Götter, nicht aber für die Menschen bestimmt sei, und nachdem die Pflanze der Verjüngung, die er seinem Volk bringen wollte, von einer Schlange gefressen wurde, die sich jetzt immer wieder durch das Abwerfen ihrer Haut verjüngen kann, gibt er sich mit dem Schicksal des Menschen, der altern und sterben muss, zufrieden (vgl. Nühlen-Graab 1990). Das Bild des Jungbrunnens, von Lucas von Cranach dem Älteren im Jahre 1546 gemalt, zeigt ein Bad, in dem gealterte Frauen auf der einen Seite ins Wasser steigen, und es auf der anderen Seite verjüngt verlassen. Diese Mythen und die darin, gleichsam archetypisch zum Ausdruck kommenden Sehnsüchte der Menschen sind gewissermaßen Versuche, die Urerlebnisse der Abhängigkeit, Gebrechlichkeit und des Todes zu kompensieren. Sie hatten auch immer schon Auswirkungen auf das diesseitige Leben der Menschen, die bestrebt waren, sich ein bisschen Extra-Nachruhm zu ergattern und sich des irdischen, nicht nur des jenseitigen Weiterlebens nach dem Tode zu versichern. Manche, die es sich leisten konnten, bemühten sich, ein wenig irdische Unsterblichkeit durch Verewigung auf einem Kunstwerk zu erlangen, andere waren bestrebt, möglichst nahe an der Kirche begraben zu werden, um durch diese geschützt zu sein und die bösen Erdgeister fern halten zu können (Imhof 1988). Die Tyrannen dieser Welt haben die gleichen Träume verfolgt: durch die Errichtung von Schlössern und Palästen, durch spektakuläre Siege suchten sie beinahe göttliche Macht über Andere, über Vergänglichkeit und Tod zu erreichen. Der Mensch ist das einzige Wesen, dass sich seiner Sterblichkeit bewusst ist und der versucht, den Tod zu bannen. Die dadurch entstehende Kraft und Dynamik aber hat, in eine konstruktive Richtung gelenkt, wesentlich zur Entwicklung unserer Kultur beigetragen, so der Soziologe Ernest Becker (1973) in seinem Buch *Die Überwindung der Todesfurcht*.

Demgegenüber haben Philosophen seit jeher auf die unverzichtbare und positive Wirkung der Tatsache unserer Endlichkeit hingewiesen, der Tod gehöre zum Leben, ohne ihn sei authentisches Leben nicht möglich. So schrieb Seneca, dass sich niemand des wahren Geschmacks am Leben erfreue, der nicht bereit und willens sei, es zu verlassen, oder der Heilige Augustinus, dass nur angesichts des Todes das Selbst des Menschen geboren werde. Montaigne sagte: ›Warum fürchtest Du den letzten Tag? Er trägt nicht mehr zu Deinem Tod bei als irgendein anderer. Der letzte Schritt verursacht nicht die Erschöpfung, sondern enthüllt sie‹ (Yalom 1989). In der neuzeitlichen Philosophie sind insbesondere die Existenzialisten zu nennen, allen voran Heidegger, die sich mit der Tatsache des Todes für unser Leben befasst haben. So schrieb er: Das Bewusstsein des Todes holt uns aus dem Zustand des Vergessens des Seins, ist Ansporn für einen Wechsel von einem Modus der Existenz zu einem höheren. Der Tod ist die Bedingung, die es für uns möglich macht, das Leben auf authentische Art und Weise zu leben. Das Leben schrumpft, wenn der Tod geleugnet wird (Heidegger 1927, 202).

Doch der Tod macht es den Menschen nicht leicht, ihn anzunehmen und seinen Sinn zu erkennen. Sterben und Tod entziehen sich unseren kognitiven Bemühungen und unserer Kontrolle, sie setzen allen unseren Bestrebungen ein unwiderrufliches Ende, bedeuten eine Negation jeglicher Möglichkeiten. Offenbar widersprechen Altern und Sterben fundamental unserem Lebenswillen. Die Tatsache des eigenen Todes lassen wir allenfalls als etwas Abstraktes gelten, das mit uns persönlich wenig zu tun hat, in unserem Innern flüchten wir in eine Phantasie von Unsterblichkeit, so Freud in seiner kleinen Arbeit mit dem Titel *Zeitgemäßes über Krieg und Tod* (Freud 1915). Er brachte darin die Auffassung zum Ausdruck, dass es im Unbewussten nichts gibt, was der Zeitvorstellung entspricht und wir folglich in einer Phantasie der Unsterblichkeit leben, der Tod deshalb allenfalls eine sekundärprozesshafte Vorstellung bleibe. Wird es uns in der ersten Lebenshälfte, wenn sich das Leben im Aufbruch befindet, leicht gemacht, die Tatsache des Todes zu verdrängen, so rückt dieser in der zweiten Lebenshälfte näher, und manchmal mag es erscheinen, dass in ihm alle plötzlichen oder allmählichen Arten des Schwindens wie in einem Meer zusammenfließen (Auer 1995). Das Alter ist die Zeitstrecke, auf der wir dem Todesgedanken begegnen und nicht umhin kommen, uns ihm zu nähern und mit dieser Lebenstatsache vertraut zu machen. Je weiter das Alter voran schreitet, umso mehr dringt das eigene Lebensende ins Bewusstsein vor und wirft seinen Schatten auf alles und jedes. Die Zunahme der Vorboten des Todes, der Abschiede, Verluste, Einschränkungen führen dazu, dass die Tatsache der eigenen Endlichkeit und Vergänglichkeit von einem abstrakten Wissen zu einem täglichen Lebenshorizont werden kann. Altern ist insofern eine Vorwegnahme des Todes, ein Sein zum Tode, so Auer (1995), darin liege der eigentliche Sinn des Alters. Doch bleibt die Frage, ob angesichts der Veränderungen des Alters und der Herausbildung des jungen, noch rüstigen und aktiven Alters eine solche Sinndeutung hinreichend ist, oder ob weitere Elemente hinzukommen müssten.

2.3 Vom Sinn der gewonnenen Jahre

Im Alter von fünfzig Jahren steuerte Tolstoj hart am Selbstmord vorbei; er schrieb: »*Die Frage, die mich in meinem fünf-*

zigsten Lebensjahr zu Selbstmordgedanken geführt hatte, war die einfachste aller Fragen, die in der Seele jedes Menschen verborgen liegt, vom unentwickelten Kind bis zum größten Weisen: ›Was ist der Sinn von dem, was ich jetzt oder vielleicht morgen tue. Was ist der Sinn meines ganzen Lebens?‹ Anders ausgedrückt – ›Warum sollte ich leben? Warum sollte ich irgendetwas wünschen? Warum sollte ich irgendetwas tun?‹ Wieder mit anderen Worten: ›Gibt es irgendeinen Sinn in meinem Leben, der nicht durch den unausweichlichen Tod, der mich erwartet, zerstört wird?‹« (zit. nach Yalom 1989, 496).

Dass diese Frage heute vielleicht 10 oder 20 Jahre später gestellt wird, hat mit der veränderten Lebensarchitektur zu tun, die Frage jedoch ist die gleiche geblieben, und zahlreiche ältere Menschen scheinen darauf keine Antwort zu finden, die steigenden Selbstmordraten im Alter legen Zeugnis davon ab. Jede Lebensphase scheint einen inhärenten Sinn zu haben. Der junge Mensch ist auf Zukunft ausgerichtet, die er kaum erwarten kann, der Mensch in den mittleren Jahren ist von seinen Aufgaben absorbiert, die »die stille Kraft des Ordnens, Festhaltens, Fortführens« wirksam werden lassen, die zu innerer Festigkeit verhelfen, so Guardini (1967, 45). Die Krise beim Übergang ins höhere Alter ist mit einem immer deutlicher werdenden Blick für die Grenzen verbunden, während zuvor ständig ein Gefühl der Reserven, der Kraft und Initiative lebendig war. Die Illusionen des großen Gelingens, der leuchtenden Siege vergehen, immer mehr enthüllt sich die Armseligkeit des Daseins, die nicht selten in eine Enttäuschung mündet, die nicht aus einem einzelnen Anlass, sondern aus der ganzen Breite des Lebens kommt, so Guardini in seiner *Ethik der Lebensalter*. Bleibt dem Menschen dann nur noch die Vorbereitung auf den Tod, erschöpft sich sein Dasein in einem Rückblick auf das Leben, findet er seine Erfüllung lediglich darin, nunmehr das Ganze in den Blick nehmen zu können, um dadurch Abgeklärtheit und Weisheit zu erlangen (Guardini 1967)?

Heutigen Älteren mag diese Sichtweise eher fremd erscheinen, jedenfalls dann, wenn sie sich im jüngeren, noch aktiven Alter befinden und sich fragen, was sie nun mit ihrem Leben anfangen können. Sie suchen häufig ihr Heil im Konsum, in ausgedehnter Freizeit und in Reisen, die einem Sinndefizit vorbeugen sollen. Auch das Alter scheint mehr und mehr beherrscht zu werden von einer Suche nach Events, nach Vergnügen und Zerstreuung, als handele es sich um eine nicht endende Freizeitveranstaltung. Die Gesellschaft bringt unentwegt verlockende Angebote hervor und wartet mit Glücksversprechen auch für Ältere auf, die diese dazu verleiten, sich im steten Aufbruch zu wähnen. Die nachberufliche Zeit – von Ruhestand mag heute niemand mehr sprechen – wird mit Wünschen und Sehnsüchten aufgeladen, als könne das Leben noch einmal von vorn beginnen. Der Gesundheitskult nimmt mancherorts religiöse Züge an (Lütz 2002), und der Anti-Aging-Boom vermarktet die Sehnsucht nach ewiger Jugend, die, so scheint es, nicht länger vom Lebensalter abhängig ist (Peters 2008, Seidl 2005). Die neuen Slogans schallen uns nicht nur aus der Werbung entgegen, sondern werden manchmal allzu unkritisch auch von Seiten der Gerontologie gefüttert, die zu gern vom erfolgreichen oder kompetenten Altern spricht oder gar mit der Aussicht lockt, im Alter die eigene Persönlichkeit vollenden zu können. Der Theologe Karl Rahner (1966) hatte bereits vor vielen Jahren vor der ›optimistischen Dauerfröhlichkeit‹ gewarnt, die manche Alten vor sich hertrügen.

Doch kann aus dieser Lebenshaltung Sinn erwachsen? Kann aus diesen Versprechen, kann allein aus dem leichten, dem angenehmen Leben, oder aus den Momenten großer Gefühle, die der Mensch zweifellos ersehnt, die ihn begeistern und in ihren Bann ziehen und die der ältere Mensch vielleicht auf seinen Reisen mit außergewöhnlichen Erlebnissen großen Staunens erfährt, kann aus all dem Lebenssinn entstehen? Die Glücksforschung mahnt, dass solche Momente immer nur von kurzer Dauer sind. Zweifel sind angebracht, ob so die gewonnenen Jahre mit Lebenssinn gefüllt werden können. Das Gegenteil könnte der Fall sein, so jedenfalls der Philosoph Odo Marquard (1986), der gerade in einer fortgesetzten

Anspruchshaltung die Ursache für Sinnkrisen zu erkennen glaubt, die zu vermeiden sie vorgibt. Er vertritt die These, dass wir heute nicht an einem Sinndefizit, sondern an einem Überangebot an Sinn leiden, d.h. dass wir überzogene Erwartungen an unser Glück haben, wenn wir immerzu nach neuen Glücksmomenten Ausschau halten. Wir seien getrieben von der Sehnsucht nach dem gemütsbewegenden Supersinn, beherrscht von der trunkenen Sehnsucht nach dem sensationellen Sinn, so Marquard. Schließlich wirft er die Frage auf, ob wir, um Lebenssinn zu empfinden, tatsächlich die großen Sonntagsgefühle brauchen – die Ekstase, die Hochgestimmtheit, die Erfüllungsverzückung – um darauf selbst die Antwort zu geben, dass diese allenfalls Zugaben seien, dankbar in Kauf zu nehmen, wenn sie nicht allzu sehr stören, aber, so seine Quintessenz, es auch ohne sie gehe. Geht es auch im Alter ohne sie, ja ist es dann vielleicht sogar leichter, Lebenssinn im Alter zu finden?

Wenn es nicht um die besonderen Erlebnisse geht, die Lebenssinn allenfalls sporadisch vermitteln, auch nicht um die absoluten Wahrheiten, die dem Leben ein unumstößliches Fundament verleihen könnten, wie ist Lebenssinn dann zu finden? Camus (1965) hatte auf die Frage, ob das Leben lohne, die Antwort gegeben, das hänge mehr an den nächsten als an den letzten Dingen. Auch Marquard mahnt, wir sollten ablassen vom Unsinn der Verachtung der ›kleinen‹ Sinnantworten. Die Menschen verzweifelten nicht, so lange sie immer gerade noch etwas zu erledigen hätten. Er plädiert für das Unperfekte, den Mut zur Unvollkommenheit, gewissermaßen für die ›zweitbeste‹ Möglichkeit, während das Leben sein letztes Geheimnis nicht preisgibt, und das vielleicht sogar ein Teil des Lebenssinns ist.

Wenn Lebenssinn eher in den kleinen Antworten als bei den überdimensionalen Begriffen oder den Großereignissen zu finden ist, dann rückt das Naheliegende, das alltägliche Leben in den Fokus. Lebenssinn, so Eagleton (2008), sei einer bestimmten Lebensweise inhärent, sei nichts Geheimnisvolles und Majestätisches, sondern lediglich eine ganz bestimmte

Art zu leben; Lebenssinn sei nicht metaphysisch, sondern ethisch. »Er ist nichts vom Leben Losgelöstes, sondern das, was das Leben lebenswert macht – das heißt eine bestimmte Qualität, Tiefe, Fülle und Intensität des Lebens. In diesem Sinne ist der Sinn des Lebens das Leben selbst.« (Eagleton 2008, 136). Ist das nicht gerade die Chance des jungen, aktiven Alters, im alltäglichen Leben selbst den Sinn zu finden, den die großen Erlebnisse und Deutungen nur für Momente vermitteln?

Wie ist das zu bewerkstelligen? Zunächst einmal lässt sich mit Erleichterung konstatieren, dass der älter werdende Mensch getrost Abschied nehmen kann von den großen Entwürfen, ohne allzu sehr Schaden nehmen zu müssen. Der alte Mensch als ein reflexives, handelndes Subjekt vermag sich die Erfahrung des Älterwerdens, der sich wandelnden Lebensinhalte und Lebensaufgaben anzueignen, um daraus neuen Sinn zu schöpfen. Er kann sich auf einen Weg begeben, der ihm die Chance des Werdens zu sich selbst belässt, auch wenn es sich möglicherweise um ein riskantes, gefährdetes und gebrochenes Werden zu sich selbst handelt (Rentsch 1992). Wenn eine neue Lebenspraxis entsteht, die den Eigenwert des Alters zum Ausdruck bringt, kann der Mensch Eigen-Sinn entfalten und sich selbst authentisch erfahren. Indem er nun seinen eigenen Weg geht – als Möglichkeit, aber auch als Notwendigkeit –, können andere als die von außen vorgegebenen Ziele und Werte an Bedeutung gewinnen. Aufgrund der größeren Freiheit von äußeren Normen und Zwängen entsteht mehr Raum für selbstbestimmtes Handeln, und daraus ist Lebenssinn zu generieren. In der Zeit der späten Freiheit, so Rosenmayr (2007), geschieht nichts personal Bedeutsames, wenn der Mensch sich nicht selbst zum Tun entschließt. Durch die zunehmende Langsamkeit gewinnt das Alter sein eigenes Gesicht und kann einen eigenen Rhythmus finden, nur die Langsamkeit verleiht dem Alter Würde, so wie eine Prozession oder ein feierlicher Augenblick auf Langsamkeit ebenso angewiesen sind wie ein tiefergehendes Gespräch. Die Sinneswahrnehmung wird verfeinert, wenn Zeit ist, die

Eindrücke wirken zu lassen, und der Genuss wird gesteigert (Peters 2002). Das Alter kann so seine eigene Atmosphäre und Temperatur, aber auch eigene Freuden und eigene Nöte gewinnen, hatte schon Herrmann Hesse geschrieben (Hesse 1972). In dieser sich konstituierenden Lebenspraxis ist Lebenssinn enthalten, ohne dass der einzelne sich darüber groß Rechenschaft ablegen müsste; die großen Lebensfragen sind eher Beiwerk, wenn auch bereicherndes Beiwerk. Ein auf diese Weise entstehendes authentisches, selbstbestimmtes Alter muss aber eine Gesellschaft zutiefst beunruhigen, die immer stärker einer kaum noch zu kontrollierenden Beschleunigung unterliegt (Rose 2005).

Der Film ›The straight story‹ von David Lynch erzählt die wahre Geschichte des Rentners Alvin Straight, der nach sehr langer Zeit seinen Bruder Lyle besuchen will, da dieser einen Schlaganfall erlitten hat. Die beiden liegen seit zehn Jahren im Streit und Alvin möchte diesen nun beenden. Straight – der Begriff wird also doppeldeutig verwendet – besitzt keinen Führerschein und möchte nicht gefahren werden. Deshalb legt er den 412 km langen Weg von Iowa nach Wisconsin auf seinem Aufsitz-Rasenmäher der Marke John Deere zurück. In langsamen Bildern erzählt der Film, wie Straight sich auf den Weg macht, und wie diese neue Form der Fortbewegung auch ein verändertes Fühlen und Denken entstehen lässt. Er trifft auf freundliche Menschen, die Landschaft gleitet allmählich an ihm vorüber und wird dabei in ihrer ganzen Schönheit sichtbar, und allmählich stellen sich bei ihm selbst Reflexionen ein, denen er in großer Gelassenheit nachgehen kann.

Diese Haltung, die nicht auf den großen Lebenssinn aus ist, sondern vom Alltäglichen ausgeht, ist getragen von der Verbundenheit und der Liebe zu den nächsten Menschen, von der positiven Besetzung der Dinge und der Umgebung, die den Menschen einbinden, den Vorlieben und Leidenschaften, die ihn anregen und ausfüllen, und den Aufgaben, denen er sich stellt. Für viele gehört zu einer solchen Haltung auch der Glaube zu einem Gott, der aber nicht in einem fernen Jenseits zu suchen ist, sondern in der Welt, wie sie uns umgibt, als ein Gegenüber, mit dem Zwiesprache zu halten ist, der die Sinne wachruft, der zu aufmerksamerem Leben veranlasst, und der eine große Atmosphäre des Vertrauens schafft so wie im Psalm 139, Vers 5 anklingt: »Von allen Seiten umgibst du mich und hältst deine Hand über mir« (Moltmann 2003). Alter ist so mehr als eine Vorbereitung auf den Tod, der in der Gegenwartsorientierung in den Hintergrund tritt, aber auch nicht verleugnet werden muss, Alter ist dann vor allem ausgedehnte Gegenwart, die Schöpferisches hervorzubringen vermag, oder, um mit Wittgenstein (1963) zu sprechen: Wenn es so etwas wie ein ewiges Leben gibt, muss es hier und jetzt sein. Das Leben im Alter kann eine ganz eigene, auf das Jetzt bezogene Kraft und Intensität gewinnen.

2.4 Die Bürde der Vergangenheit

Eine 74jährige Klientin hatte eine schwere Zeit hinter sich. Ihr Mann hatte kurz nach der Berentung einen schweren Schlaganfall erlitten und war fast vollständig gelähmt. Dadurch waren alle ihre Pläne, die sie für den neuen Lebensabschnitt geschmiedet hatten, hinfällig. Sie hatte ihn unter Verausgabung ihrer ganzen Kräfte mehrere Jahre gepflegt. Nachdem er verstorben war, war sie in ein tiefes Loch gefallen und hatte große Ängste entwickelt. Doch es war ihr kaum möglich, ein Entlastungsangebot anzunehmen. Auf die Frage, ob ihr Gespräche gut tun könnten, zeigte sie mit dem Finger auf die Herzgegend und sagte: ›Was da drin ist, geht niemanden etwas an‹. Die Härte gegen sich selbst und ihre Verschlossenheit ließen keinen anderen Umgang zu, auch wenn sie noch so litt.

Ältere Menschen unterscheiden sich in Abhängigkeit davon, in welcher Zeit sie aufgewachsen sind und welche historischen Umstände sie geprägt haben. Vor diesem Hintergrund ist auch die Frage zu diskutieren, warum Ältere manchmal anders, heutigen Jüngeren sogar befremdlich oder gar skurril erscheinen. Sie wirken eher ängstlich, unterwürfig, vielleicht auch geizig und hart gegen sich und andere, so wie die obige Klientin. Manchmal wirken sie erstarrt, eine Liste, die sich fortsetzen ließe. Zwar mag sich darin ein negatives Altersstereotyp spiegeln, doch jedes Stereotyp beinhaltet auch einen zutreffenden Kern. Sicherlich trifft diese Beschreibung auch nicht auf alle Älteren zu, und doch erscheint es uns, dass sie auch nicht ganz von der Hand zu weisen ist. Warum ist das so?

Bisherige Ältere, die unser Bild vom Alter weitgehend prägen, sind in der Zeit der Weimarer Republik, des aufkommenden Nationalsozialismus und des zweiten Weltkrieges geboren und aufgewachsen. Nicht nur das Alltagsleben unterschied sich maßgeblich von unseren heutigen Alltagserfahrungen, auch die Erziehungsvorstellungen spiegelten ein anderes gesellschaftliches Klima wider. Der deutsche Säugling wuchs nach drei Pflegegrundsätzen auf, wie in einer Analyse zum Wandel der Kleinkindforschung hervorgehoben wird: Reinlichkeit; Ruhe; Luft, Licht und richtige Wärmehaltung. Arnold Gesell zufolge, einem zur damaligen Zeit führenden Entwicklungspsychologen, vollzog sich Entwicklung allein als determinierte Entfaltung innewohnender Fähigkeiten, die von außen her nicht beeinflusst werden könne, ja er warnte vor solchen Versuchen ›schlapper Gefügigkeit‹ (Rauh 1987). Einem 1928 erschienen Mütterbuch der Kinderärztin Johanna Harrer ist folgender Hinweis zu entnehmen: »Selbstkontrolle, Gehorsam, Anerkennung der Autorität sowie Respekt für Ältere müssen unbedingt im ersten Lebensjahr gelernt werden. Ein Baby, welches aufgenommen oder gar gefüttert wird, wenn es schreit, wird bald zu einem wahrhaften Tyrannen werden; es wird seiner Mutter keinen Frieden geben, wenn es wach ist, während hingegen ein solches Kind, welches regelmäßig gefüttert und zu ganz bestimmten Zeiten zu Bett gebracht wird, und mit dem nur zu ganz bestimmten Zeiten gespielt wird, bald herausfindet, das Bitten und Betteln keinen Erfolg haben und auf diese Weise die nützlichste aller Lektionen lernt: Die Selbstbeherrschung und die Anerkennung einer Autorität, die über seinen Wünschen steht«. Sigrid Chamberlain (1997) hat in ihrem Buch *Adolf Hitler, die deutsche Mutter und ihr Kind* den Ratgeber von Harrer, der in der Zeit der nationalsozialistischen Diktatur in millionenfacher Auflage gedruckt wurde, analysiert. In ihm hieß es u.a.: »Außerdem hat die Trennung von Mutter und Kind für letzteres außerordentliche erzieherische Vorteile« (123). Es ging also um Trennung, nicht um Bindung, von der wir heute wissen, wie entscheidend sie als Grundlage für die Ausbildung von »Urvertrauen« und die Entwicklung des Kindes ist. Die Auswirkungen dieser Erziehung spiegeln sich auch in manchen Verhaltensweisen wider, wie sie zu Anfang benannt wurden. Frühe Trennungserfahrungen hinterlassen Spuren im Menschen, beschädigen seine Beziehungsfähigkeit, nicht nur die zu anderen Menschen, sondern auch zu sich selbst. So kann etwa auch die geringe Inanspruchnahme von Vorsorgeuntersuchungen insbesondere von Männern als Ausdruck einer mangelnden Selbstfürsorge und einer distanzierten Beziehung zum eigenen Körper gesehen werden, die ein erhebliches gesundheitliches Problem darstellt, und die geringe Inanspruchnahme von Psychotherapie und Beratung durch diese Generation hat nicht zuletzt auch mit diesen Erfahrungen zu tun.

Doch nicht nur diese Persönlichkeitsprägung kennzeichnet heutige Ältere, ihnen blieb nicht erspart, die dunkelsten Phasen der deutschen Geschichte mit Nationalsozialismus, Krieg, Hunger, Flucht und Vertreibung zu durchleben. Die Generation der Täter, also diejenigen, die aktiv an Kriegshandlungen beteiligt waren, befindet sich heute in hoch betagtem Alter oder ist bereits verstorben, die heutige Generation Älterer hat in dieser Zeit ihre Kindheit und Jugend verbracht, war damit selbst Opfer, nicht Täter. Sie war oft unsagbarem Leid ausgesetzt und ist vielfach traumatisiert (vgl. Kapitel 3.3.2), hat Entbehrungen, Not und Hunger erlitten und häufig Trennungen erlebt. So wurden über zwei Millionen Kinder im Rahmen der sogenannten Kinderlandverschickung in andere, weniger von Kriegshandlungen betroffene Ortschaften und damit vermeintlich in Sicherheit gebracht. Doch über die damit verbundenen Trennungen von wichtigen Bezugspersonen hat sich kaum jemand Gedanken gemacht, Trennungen, die den frühen Trennungserfahrungen, wie sie zur ganz normalen Erziehung gehörten, zusätzlichen Schmerz hinzufügten. Diejenigen, die Flucht und Vertreibung aus den deutschen Ostgebieten erlebten, mussten ebenfalls Verluste verkraften, die Spuren in ihrer Persönlichkeit hinterlassen haben. Nicht zuletzt ist aber auch an die Holocaustopfer selbst zu denken, die Opfer der deutschen Gewaltherrschaft, die bis ins hohe Alter an ihren traumatischen Erfahrungen leiden (zus. Zank et al. 2009).

Besonders verbreitet war eine vorübergehende oder dauerhafte Abwesenheit des Vaters, weil dieser einberufen und an der Front war, vielleicht schon gefallen war oder oft Jahre in Kriegsgefangenschaft gehalten wurde. Diese Erfahrung hat die Entwicklung der damaligen Kinder und Jugendlichen, die sich heute in einem höheren Lebensalter befinden, nachhaltig geprägt, wobei diese Prägung in unterschiedlicher Weise verlaufen konnte. Fehlt der Vater als triangulierendes Objekt, so fehlt eine wichtige Objektbeziehung, die zur Entwicklung einer reifen autonomen Persönlichkeit beiträgt. Inzwischen liegen empirische Befunde vor, die eindeutig nachweisen, dass dieser Umstand sich bis ins hohe Alter auswirkt und mit einem erhöhten Risiko von Depressionen verbunden ist (Franz 2010).

Die Probleme waren aber bei einer Rückkehr des Vaters keineswegs behoben. Wie schwierig es war, zu einem normalen Leben zurück zu finden, zeigt die Tatsache, dass die Scheidungsraten in der Nachkriegszeit besonders hoch waren. Oft hatte sich das Familienleben neu eingespielt, ältere Kinder hatten Aufgaben übernommen, für die der Vater nicht zur Verfügung stand und dies führte oft zu einem forcierten Erwachsenenwerden. In der Nachkriegszeit setzte dann rasch eine Normalisierung ein, die zur Verdrängung des Geschehenen beitrug. Wie groß das Leid tatsächlich war, hat Goltermann (2009) erst jüngst in ihrer Studie über heimkehrende Kriegssoldaten, wie sie in Krankenakten dokumentiert sind, nachgewiesen. Es gab kaum einen Blick für die psychischen Schäden, die die Soldaten an der Front erlitten hatten, die vorherrschende Meinung der Psychiater war, dass der Krieg als Ursache für langdauernde psychische Störungen nicht in Frage kam. Allenfalls war man bereit, die vielfältigen Symptome, mit denen Kriegsheimkehrer in psychiatrischen Kliniken vorstellig wurden, auf Unter- und Mangelernährung zurückzuführen. Und so wurde das, was tatsächlich geschehen war, verdrängt und weder die heimkehrenden Männer noch die Kinder hatten die Chance, das Erlebte zu verarbeiten. Das einsetzende Wirtschaftswunder überdeckte bald alles und ließ eine scheinbare Normalität entstehen. Das Schweigen wurde zum Dauerzustand, es bestand kein Schuldbewusstsein und es fehlte ein Klima der Aufarbeitung, so dass auch die Kinder mit ihrem erlittenen Leid allein blieben (Radebold 2006). Diese Art des Umgangs aber war auch die Folge einer Erziehungshaltung, wie sie Harrer propagiert hatte. Es war also nicht nur das gesellschaftliche Klima, dass eine Aufarbeitung erschwerte, es fehlten vielfach auch die persönlichen Voraussetzungen, sich für die leidvollen Erfahrungen zu öffnen, eine Fähigkeit, die Eltern befähigt hätte, einen empathischen und unterstützenden Umgang mit dem Schmerz, den Verlusten und der Trauer auch ihrer Kinder zu finden. Die Umgangsformen waren die gleichen, wie sie auch Ergebnis einer Erziehung waren, bei der nicht eine sichere, vertrauensvolle Bindung das bevorzugte Ziel war, sondern Härte, Disziplin und Gehorsam. Die Folgen der Nazizeit waren aus den Köpfen der Menschen noch lange nicht verschwunden, und so überrascht es nicht, dass der Erziehungsratgeber von Harrer auch nach dem Krieg in neuer Auflage erschien, die letzte ging 1986 in Druck. Man hatte lediglich den Titel geändert in *Die Mutter und ihr erstes Kind*. Der Geist dieses Werkes wirkte nach in einer weiterhin autoritären und rigiden Erziehung der fünfziger Jahre, erst die 60er Jahre führten hier einen Bruch herbei.

2.5 Eine neue Generation wird alt

Herr B., Jahrgang 1950, hatte einen handwerklichen Beruf erlernt, doch Anfang der 70er Jahre hatte er umgeschult und war Erzieher geworden. Er war von Idealen getrieben, Kinder zu besseren Menschen zu erziehen und dadurch die Welt zu verbessern, die Ideale von Summerhill wurden in zahlreichen Kinderladenprojekten erprobt, was ihn sehr angesprochen hatte. Doch nun fühlte er sich gemobbt, er war den Anforderungen seines Berufes jetzt, jenseits des 60sten Lebensjahres nicht mehr gewachsen, die Ideale waren längst verblasst, und er hatte das Gefühl, nicht mehr in diese Welt zu passen. Er war ein weicher Mann mit einer fast zarten Stimme, er trug einen Ohrring im Ohr und weinte nahezu unentwegt, die Härte früherer Männer war bei ihm einer großen Sensibilität und Sentimentalität gewichen. Kündigt sich hier eine neue Generation Älterer an?

Wo sind die Dauerwellen geblieben, so begann der FOCUS Ende 2007 einen Beitrag über die neuen Alten, in dem beschrieben wurde, wie sich diese von den traditionellen Alten, denen nur mehr ca. ein Drittel der älteren Bevölkerung zuzurechnen sind, unterscheiden. Lebten die Älteren vor 30 Jahren mit bescheidenen Ansprüchen und geringem Tatendrang in ihrer kleinen Wohnung und verbrachten ihre Zeit damit, Kreuzworträtsel zu lösen, Heino im Radio zu hören und Wim Thoelke im Fernsehen zu sehen, verbringen die neuen Alten, so die Befragungsergebnisse, ihre Zeit mit sozialen Aktivitäten und anderen Unternehmungen. Der Anteil derer, die regelmäßig Sport treiben, ist ebenso deutlich gestiegen wie der Anteil derer, die sich fortbilden. Die »neuen Alten« legen mehr Wert auf Unabhängigkeit, benutzen wie selbstverständlich das Internet ebenso wie ihr eigenes Auto, besuchen Pop- und Rockkonzerte und sind in ihrer Kleidung kaum mehr von Jüngeren zu unterscheiden. Das traditionelle Pflichtdenken ist dem Streben nach Selbstverwirklichung und dem Hedonismus gewichen, eine Folge der sechziger Jahre?

Dieses neue Erscheinungsbild und die veränderten Gewohnheiten zeigen eine neue Generation, die sich weigert, sich mit einem negativen Altersbild zu identifizieren. Vielmehr legt sie großen Wert darauf, ihre bisherigen Gewohnheiten und Vorlieben beizubehalten, so dass heute bereits von einer soziokulturellen Verjüngung des Alters gesprochen wird. Damit ist gemeint, dass sich heutige Ältere in ihrem Äußerem, in ihrem Habitus und ihren Gewohnheiten kaum mehr von anderen Altersgruppen unterscheiden. Das aber hat mit dem neuen Selbstbewusstsein heutiger Älterer zu tun, die durch die Aufbruchstimmung der 68er Jahre geprägt sind. Und manchmal wird von ihnen erwartet, dass sie diese Aufbruchstimmung noch einmal entfachen und auch das Alter revolutionieren.

Doch es ist auch die Generation, die häufig vaterlos aufwachsen musste, bzw. deren Väter gebrochen aus dem Krieg kamen und die nicht selten unter ihnen zu leiden hatten, so wie der Junge in dem Film *Das Wunder von Bern*, dessen Vater gewalttätig ist, weil er offensichtlich die erlebten Traumata nicht verarbeitet hatte. Nicht immer kommt es im Laufe der Zeit zur Aussöhnung so wie in dem Film, der damit endet, dass der Vater mit dem Sohn zum Endspiel der Fußballweltmeisterschaft, bei der Deutschland Weltmeister wurde, nach Bern fährt, d.h. der Vater dem Sohn die Welt zeigt. Oft genug blieb die innere Distanz, wie Peter Schneider (2008), einer der Anführer der Studentenbewegung, in seinem Rückblick auf die 60er Jahre schildert. Die ›Kultur des Gehorsams‹ bestand zunächst bruchlos fort, die zurückgekehrten Väter forderten die Wiederherstellung der alten Familienordnung, und nicht selten spielte dabei auch körperliche Züchtigung eine Rolle. Der Aufstand der 60er Jahre galt dieser Vätergeneration, die, so Schmidbauer (2009), von den Jungen entwertet wurde, weil sie versagt hatte und an einem Geschehen beteiligt war, dass zur Katastrophe geführt hatte. Indem jedoch die eigenen politischen und sozialen Ideale mit einem Ausschließlichkeitsanspruch vertreten wurden, der dem der Väter wenig nachstand, wurde eine unbewusste Identifikation mit diesen deutlich, deren Unnachgiebigkeit und Uneinsichtigkeit sie gleichzeitig anprangerten. Trotz dieser nicht aufgelösten Zwiespältigkeit wurde in den 60er Jahren durch diesen Generationenkonflikt ein Aufbruchsgeist entfacht, der dazu führte, dass sich das gesellschaftliche Klima, aber auch Umgangsformen, Formen der Beziehungsgestaltung und der Auseinandersetzung mit Befindlichkeiten und Konflikten änderten. Damalige Umfrageergebnisse zeigten, dass die Bundesbürger nun eher bereit waren, die Notwendigkeit von Konflikten anzuerkennen, sie es als positiver erlebten, mit widersprüchlichen Informationen und Meinungen umzugehen und eigenständig abwägen und entscheiden zu müssen (Siegfried 2006). Die einschränkenden Normen des Verzichts und des Gehorsams wurden aufgebrochen und überkommene moralische Wertvorstellungen in Frage gestellt. In zahlreichen Initiativen, Projekten, Selbsthilfegruppen und Wohngemeinschaften wurden neue Formen des Umgangs erprobt. Dass sich Erziehungsvorstellungen von einem *Befehls- zu einem Verhandlungshaushalt* gewandelt haben und heute fast 75% der Eltern einen verhandlungsorientierten Erziehungsstil befürworten, ist ohne die 68er Jahre nicht denkbar (Dornes 2010). Wird also eine ganz neue Generation alt, werden sie das Alter verändern oder gar revolutionieren?

Doch das Leben hat auch in dieser Generation seine Spuren hinterlassen, und die früheren Ideale sind wie bei Herrn B. längst verblasst. Dennoch wirkt Herr B. anders als Männer vorausgegangener Kohorten, deren Starrheit und Unflexibilität Beratung und Psychotherapie so oft erschwerte, wenn nicht unmöglich machte. Man kann davon ausgehen, dass das offenere gesellschaftliche Klima der 60er Jahre diese Generation geprägt hat. Sie konnten eher lernen, über Gefühle zu sprechen und Konflikte auszutragen. Dadurch konnten sie ein Stück Entwicklung nachholen, die sie offener hat werden lassen, so wie bei Herrn B. Diese Haltung wird ihnen im Alter zugute kommen, sich aber auch in Beratungen bemerkbar machen. Die neuen Alten werden sich mitteilungsbereiter, selbstreflektierter und konfliktbewusster zeigen, das aber wird Beratung und Psychotherapie bereichern.

Dennoch bleibt auch Skepsis. In ihrer nachgeholten Entwicklung haben sich auch neue Ansprüche und Erwartungshaltungen gebildet, so dass die Frage entsteht, ob sie nicht in besonderer Weise darunter leiden werden, wenn diese nicht mehr zu erfüllen sind. Ein Stück Autonomie aufzugeben und ein gewisses Maß an Abhängigkeit tolerieren zu müssen, mag sie vielleicht in besonderer Weise kränken. Teil ihres Autonomieanspruchs ist die Erwartung, das Leben müsse gelingen, eine Erwartung allerdings, die kaum aufrecht zu erhalten ist, wenn im Alter die Einschränkungen und Gebrechen eintreten. Vielleicht werden die jetzt bereits nachrückenden Babyboomer, also die den 68ern nachfolgende Generation, noch stärker als die vorhergehende Kohorte bereits vom Bazillus des positiven Denkens infiziert sein, zumal sie nur Zeiten des Aufschwungs und des Wachstums erlebt haben und die Erfahrung des Verzichts kaum machen mussten. Möglicherweise werden nachfolgende Kohorten weniger darauf vorbereitet sein, im Alter Verzicht zu leisten, Verluste hinzunehmen und das im Alter unerlässliche Maß an Demut, über das die Vorgängerkohorte im Übermaß verfügte, zu entwickeln? Eins werden zukünftige Ältere zweifellos nicht können: das Alter als Zeit der existenziellen Herausforderung abzuschaffen, die Konfrontation mit Einschränkungen und Gebrechen zu vermeiden und sich mit Tod und Sterben auseinander zu setzen. Vielleicht wird es ihnen, die in ihrem Leben wenig Not und Leid erfahren haben, besonders schwer fallen, einen Umgang hiermit zu finden.

2.6 Wozu brauchen wir noch Religion?

Wir haben noch die Bilder im Kopf, wie sich ältere Menschen dunkel gekleidet und gebeugten Schrittes auf den Weg machen, die Messe zu besuchen, so, als gehöre es wie selbstverständlich dazu und sei ein ganz normaler Bestandteil des Tagesablaufs. Die Zugehörigkeit zur Kirche und zur Gemeinde und die Identifikation mit den Glaubensinhalten und religiösen Ritualen war für sie selbstverständlich. Es war kein Akt freier Entscheidung, sondern es gehörte zu einer Welt, in die sie hineingeboren waren und in der sie stets gelebt hatten, es gab keinen Anlass, sie in Frage zu stellen. Dieses Leben bot Halt und Geborgenheit. Besonders auch im Alter, wenn die Kräfte schwanden, war die Kirche und der Besuch der Messe oftmals der letzte öffentliche Raum, dem sie sich zugehörig fühlten und den sie ohne größere Scheu zu betreten vermochten. Und die Teilnahme an christlichen Ritualen wie dem Buß- und Bettag, dem Aschermittwoch, der Fastenzeit erinnerten immer wieder an Vergänglichkeit und Tod; und auch die biblische Formel »aus Staub bist du, und zu Staub wirst Du wieder zurückkehren« hatten sie verinnerlicht. Sie lebten ein Alter als Sein zum Tode.

Religiöse Überzeugungen können eine wesentliche innere Stütze besonders dann sein, wenn das Leben zur existenziellen Herausforderung wird. Das christliche Grundverständnis, dem zufolge das Leben als Gabe, gewissermaßen als ›Leihgabe‹ zu verstehen und deshalb der vollständigen Verfügbarkeit entzogen ist, kann auch den Umgang mit Grenzerfahrungen, wie sie etwa in einschränkenden körperlichen Erkrankungen sichtbar werden, erleichtern. Die Annahme der unvermeidlichen Abhängigkeit des hohen Alters wird erleichtert, wenn das Leben nicht nur als eigenes Leben, sondern von Beginn an in Beziehung zu Gott empfunden wird, d.h. als durch eine ›primäre Passivität‹ gekennzeichnet (Schneider-Flume 2002). Autonomie gewinnt dann einen anderen Stellenwert. Untersuchungen bestätigen, dass unabänderliche Körperbeschwerden bei einer christlichen Grundüberzeugung besser hingenommen werden können und die Lebenszufriedenheit weniger beeinträchtigen (Albani et al. 2005). Allerdings tritt eine solch hilfreiche Wirkung nur bei einer intrinsischen religiösen Überzeugung ein, d.h. einer reifen religiösen Haltung, die auf Hoffnung und Vertrauen basiert, die sich aus den Quellen der guten inneren Objekte herleiten und die in den Alltag der Betreffenden integriert ist. Bei einer extrinsischen

Überzeugung, die auf einem personalisierten, jenseitigen Gott beruht, dem es sich zu unterwerfen gilt, kann Religion diese Wirkung nicht entfalten. Bei dieser Auffassung, die Gott auch immer als strafenden Gott sieht, kann es vielmehr zu einer paranoid-schizoiden Haltung kommen, die mit Angst vor Strafe und Schuld- und Versagensgefühlen verbunden ist (von der Stein 2008). Die Beschwernisse des Alters können dann sogar als Strafe Gottes empfunden werden.

Eine Hinwendung zu Religion, Spiritualität und Transzendenz ist eng an die Konfrontation mit existenziellen Fragen geknüpft, und das Alter ist zweifellos eine Zeit, in der der Mensch in stärkerem Maße mit der Grundverfassung seines Daseins konfrontiert ist. Diese Konfrontation drängt geradezu zur Auseinandersetzung mit spirituellen und religiösen Fragen, und lange Zeit galt die Gleichung ›Je älter, desto frömmer‹, bzw. die These ›Mit dem Alter kommt der Psalter‹ (Charbonnier 2009) als unbestritten. Doch der Wandel des Alters und das Altern der nachrückenden Generation hat diese These erschüttert. Es ist fraglich, ob auch zukünftige ältere Menschen, dann, wenn sie mit der Schattenseite des Alters konfrontiert werden und die Schicksalhaftigkeit ihrer Existenz erfahren, auf religiöse Überzeugungen zurückgreifen, bzw. bei diesen Halt suchen.

Eine Haltung, bei der Religion wie selbstverständlich zum Leben gehört, mag noch in manchen dörflichen Regionen überlebt haben, doch in weiten Bereichen hat sie sich längst aufgelöst und ist einer anderen Lebenseinstellung und Lebensführung gewichen. Ältere Menschen befinden sich im Aufbruch, und sie bereiten sich eher auf die nächste Reise oder das nächste Rockkonzert als auf den nächsten Kirchgang vor. Für viele der jungen Alten, erst recht für die nachrückenden Generationen gehört das oben gezeichnete Bild längst der Vergangenheit an. So fand der Sozialforscher Otten (2009) in seiner Befragung der Gruppe 50+, dass nur noch 59% den beiden Großkonfessionen angehören, und nur noch etwas mehr als die Hälfte eine traditionell religiöse Haltung zeigt, festgemacht an der Frage nach dem Leben nach dem Tode. Bei den Älteren, d.h. über 70jährigen, findet man einen sehr viel höheren Anteil (Kruse 2005). Manche der jüngeren Älteren laden andere Themen wie Gesundheit, Fitness und ähnliches zu fast religiöser Überzeugung auf, oder sie zeigen sich offen für esoterische oder andere spirituelle Angebote.

Für die Vorgängergeneration war Religion eher ein unhinterfragter Teil der eigenen Identität, und davon war geprägt, was man vom Leben erwarten kann und was hinzunehmen ist. Gehört zu dieser christlichen Grundüberzeugung auch die Anerkennung der Unverfügbarkeit des Lebens, dann mag eher gelingen, was Karl Rahner (1966) meinte, als er von der Annahme körperlicher und geistiger Gebrechen als Einübung in das Sterben sprach. Wenn nun zukünftige Generationen im Alter weniger auf ein religiöses Fundament im Alter zurück greifen können, ja Autonomie und Selbstverantwortung in ihrem Leben einen besonderen Wert gehabt haben, werden sie es dann schwerer haben, wenn sie im betagten Alter mit unvermeidlichen Einschnitten konfrontiert sind und sie nicht umhin kommen, Schmerz und Leid als inhärenten Teil des Daseins anzunehmen? Welche Bedeutung Religion für zukünftige Generationen haben wird, hängt aber nicht zuletzt auch davon ab, wie sich die Kirchen auf diese älteren Menschen mit großen Ressourcen und Ansprüchen ans Leben einstellen werden. Bisher spielen sie in der kirchlichen Seniorenarbeit kaum eine Rolle (vgl. Kap. 5.1.3). Über die Seniorenarbeit hinaus geht es auch darum, ihnen ein theologisches Angebot zu machen, eine Theologie des dritten Lebensalters zu formulieren, die nicht allein vom näher rückenden Tod bestimmt ist. Ein solches theologisches Angebot liegt aber bisher nicht vor (EDK 2009b).

Die neuen Kohorten sind zwar weniger bereit, an einen personalen Gott zu glauben, und die Vorstellung von Tod als Strafe Gottes für die Sünde der Menschen, wie sie noch heute in der Theologie weit verbreitet ist, wird diese Generation kaum ansprechen. Doch das bedeutet nicht, dass sie nicht eine Vorstellung von der Unendlichkeit des Kosmos hätten und damit auch die Grenzen der Erklärbarkeit unserer Welt sehen, unsere *schlechthinnige Abhängigkeit* vom Unendlichen erahnen würden, um eine Formulierung Schleiermachers zu verwenden (vgl. Schreiber 2008). Dieser war der Auffassung, dass die Frage, ob es Gott als Person oder die persönliche Unsterblichkeit der Seele gebe, für die Religion nicht wesentlich sei. In der gefühlten Beziehung zum Unendlichen erfahre der Mensch die Erhabenheit des Göttlichen und somit die Ewigkeit in der Zeit. Und Schreiber (2008) fährt fort: »Das Gefühl der schlechthinnigen Abhängigkeit vom Unendlichen ist, so präzisiert, beklemmend; wir empfinden uns, die stolzen Geistesriesen, dabei als kleine Würmer. Aber es ist auch befreiend, weil es uns mitteilt: Es gibt ein größeres Unbekanntes, das wichtiger und mächtiger ist als das jeweils winzige Ich. Wir können dieses größere Unbekannte als Ungeheuer, als vernichtenden Schlund und drohendes Untergangsinferno am Ende unserer Tage fürchten; aber wir können es auch elementar bejahen, ja verehren, als sei es ein großer Gott, der uns ebenfalls bejaht.« (139). Vielleicht sind im Sinne einer so verstandenen Religion zukünftige Kohorten religiöser als die vorausgegangenen.

3. Beratungsanlässe und -themen – Konflikte, Krisen, Belastungen

3.1 Krise und Entwicklung – Die innere Welt erneuern

3.1.1 Wer bin ich? – Identität im Alter

In früheren Zeiten war Alter vornehmlich durch einen immer eingeschränkteren Lebensradius, durch Krankheiten und Gebrechen gekennzeichnet, die immer weniger kompensiert werden konnten. Mit dem Wandel heutigen Alterns ist eine anderes Thema in den Vordergrund gerückt: Wer bin ich im Alter, wer will ich sein, wie will ich mein Leben gestalten, und wie werde ich dabei von anderen gesehen? Der zweite Klient, Herr Teichmann, gehört zu einer Generation Älterer, die sich dieser Problematik bewusst ist und sich offen damit konfrontiert. Zu Beginn der Beratung formuliert er: ›Ich will kein knottriger Alter werden‹, und thematisierte damit die Frage nach seiner Identität, die sich in früheren Zeiten nicht stellte. Die körperlichen Einschränkungen und Gebrechen engten den Aktionsradius ein, die Identifikation mit dem negativen Altersbild, das ohnehin Rückzug nahelegte, erübrigte eine weitere Selbstreflexion. Zudem lebten Ältere meist stärker eingebunden in einen Familienverband, bzw. eine dörfliche oder soziale Gemeinschaft, die die Frage erübrigte: Wohin gehöre ich.

Die Identitätskonflikte, mit denen Herr Teichmann konfrontiert war, manifestierten sich auf unterschiedlichen Ebenen, unter anderem auch im Hinblick auf die Frage: An welchem Ort will ich leben? Seine Frau hatte ihn dazu gedrängt, ein neues Haus zu bauen, und zwar an dem – etwas entfernt liegenden – Ort, an dem sie arbeitete. Sie war schließlich jünger und hatte noch einige Arbeitsjahre vor sich, damit schien sie die besseren Argumente in der Hand zu haben. Er hingegen ging in den Vorruhestand, und da lag es auf der Hand, dass er sich seiner Frau anpasste. Doch er fühlte sich mit dem bisherigen Wohnort verbunden und verließ diesen nur ungern. An dieser Frage ist zu ersehen, wie sehr die globalisierte Welt und die mit ihr einher gehende Mobilität das Leben jedes Einzelnen verändert; viele derer, die heute in ein höheres Lebensalter vorrücken, haben bereits Mobilitätserfahrungen gemacht, vielfach aus beruflichen Gründen leben sie nicht mehr an dem Ort, an dem sie aufgewachsen sind. Nur vor dem Hintergrund solcher Erfahrungen aber dürfte sich mit Eintritt in das Alter die Frage stellen: Wo will ich leben, an welchem Ort will ich mein Alter verbringen, wohin soll mein Weg führen? Die Frage macht deutlich, dass die ›späte Freiheit‹ des Alters, von der heute vielfach gesprochen wird, zugleich konflikthaft ist, bietet sie doch nicht allein eine neue Wahlmöglichkeit, sondern wirft sogleich auch Bedenken verschiedenster Art auf: Wie verbunden fühle ich mich mit dem jetzigen Wohnort, an den es mich vor vielen Jahren aus beruflichen Gründen geführt hat, habe ich hier wirklich Wurzeln schlagen können, möchte ich hier mein Alter verleben? Fragen nach der eigenen Herkunft und der Einbettung, die man auch als Frage nach der eigenen Heimat verstehen kann, werden mit Beginn des neuen Lebensabschnittes spürbarer und drängender. Es handelt sich mithin um einen Ambivalenzkonflikt zwischen Einbettung und dem Wunsch, sich zu verankern auf der einen Seite und dem Wunsch, noch einmal aufzubrechen und dem Leben neue Akzente hinzuzufügen andererseits. Doch letzterer bleibt zwiespältig: Wie wird es mir an einem anderen Wohnort ergehen, werde ich das finden, was ich suche, werde ich Freunde finden, werde ich mich dort beheimaten können? Und: Wie denkt die Partnerin oder der Partner darüber, wird es zu Spannungen kommen, so wie bei Herrn Teichmann, der letztlich nachgegeben hatte, weil die ›handfesten‹ Argumente auf ihrer Seite waren, aber auch, weil es zu seiner Art gehörte, in Konfliktsituationen nachzugeben. Dabei war der Groll, der ja auch in dem Begriff ›knottriger Alter‹ mitschwingt, kaum zu überhören.

Doch die Frage nach der eigenen Identität geht weit über die Frage hinaus, wo ich leben möchte (Peters 2011). Sie umfasst die weiter gefasste Frage: Wie sehe ich mich, wer will ich sein, wer kann ich sein, wie möchte ich gesehen werden und wie werde ich von anderen gesehen? Auch diese Fragen stellten sich in früheren Zeiten kaum. Das negative Altersbild ließ wenig Wahlmöglichkeiten, man hatte sich der Vorstellung zu beugen, dass das Leben nun in eingeschränkteren Bahnen verläuft, Ansprüche zurück zu schrauben sind, dass sich manches nicht mehr ›gehört‹, weil es nicht altersgemäß ist, und man mehr an den Rand der Gemeinschaft rückt. Auch wenn mit dem negativen Altersbild keine neuen Lebensoptionen entstanden, so sollte dennoch nicht übersehen werden, dass es auch eine entlastende Funktion hatte, denn es erleichterte den Umgang mit Einschränkungen und Defiziten. Heute entwickelt sich mehr und mehr eine neue Norm des Alters, Ältere haben jugendlich, aktiv und fit zu sein, so schallt es ihnen immer lauter entgegen. Doch da, wo sich neue Normen etablieren, verfehlen Menschen diese auch, zumal dann, wenn das Alter mit seinen Belastungen spürbar wird und sie dies womöglich als eigenes Versagen erleben.

Doch das negative Altersbild ist auf dem Rückzug. Auch wenn es sich keineswegs gänzlich aufgelöst hat, so ist es doch in manchen Bereichen in den Hintergrund gerückt oder hat sich differenziert. In anderen – auch in Beratung und Psychotherapie – besteht es bis heute fort. Doch heutige Ältere sind immer weniger bereit, sich damit zu identifizieren; es ist gewissermaßen ein Bruch entstanden, der zweifellos neue Entwicklungsspielräume entstehen lässt. Wenn allerdings bisherige Altersbilder nicht mehr als Identifikationsanreiz wirken, dann stellt sich die Frage, worauf Ältere heutzutage ihre Identität stützen können. Welche Vorbilder gibt es, welche kulturellen und sozialen Leitbilder finden sie vor? Hier wird ein Identitätskonflikt heutigen Alterns sichtbar: Ältere finden kaum tragfähige und substantielle Altersmodelle, mit denen sie sich identifizieren könnten. Sie treffen auf neue Begriffe wie »Best Agers«, »Golden Agers«, »happy aging« oder den »Woopies«, also den »well-off older people«. Doch diese Begriffe wirken, als seien sie modisch gestalteten Werbebroschüren entnommen, sie sind ohne Substanz und in ihrer Einseitigkeit kaum vom negativen Altersbild zu unterscheiden, eher Umkehrbilder desselben. Und auch der Begriff des Seniors bleibt merkwürdig inhaltsleer und bezieht seine Bestimmung allein aus dem Merkmal, nicht mehr jung und im Ruhestand zu sein. Er bietet kaum die Möglichkeit, sich zu unterscheiden und Individualität herauszustellen, vielmehr klingt er glatt und geschmeidig. Den Senioren öffnet sich scheinbar die Welt, Seniorenreisen, Seniorenbeirat, Seniorenteller etc. Mit neuen Worten, so meinte Ingeborg Bachmann, wird der Wirklichkeit immer dann begegnet, wenn man versucht, sie in den Griff zu kriegen (Schachtner 1988). Die Identitätsproblematik heutigen Alterns hat die Literaturwissenschaftlerin H. Schlaffer in ihrem Buch »Das Alter. Ein Traum von Jugend« mit süffisant-ironischem Unterton anhand einer kleinen Beschreibung deutlich gemacht. Sie beschreibt ältere Ehepaare als jene, die nicht nur viel reisen, sondern auch in ihren Heimatstädten gern konsumieren, gemeinsam frühstücken, einkaufen, ein kleines Mittagessen einnehmen und der ganzen Welt das Schauspiel ihres nachsommerlichen Einverständnisses bieten. Dabei treten sie gern im Gänsemarsch auf, die Frau leitet die Entdeckungsreise in die Stadt, der Mann folgt, gutwillig, entspannt – und ein wenig verlegen. Der erfolgreiche Geschäftsmann sei zum Ladendiener seiner Frau geworden, so Schlaffer (2003, 73). Seiner äußeren Rolle beraubt, wirke der ehemalige Geschäftsmann unbeholfen und ohne eigenes Ziel, als ob es ihm bislang nicht gelungen sei, seiner Identität eine neue Ausrichtung zu geben, um zu einem sinnhaften Tun finden zu können.

Die Frage nach der eigenen Identität spielt bei jetzt in ein höheres Lebensalter kommenden Klienten eine immer größere Rolle, auch wenn sie nicht immer in so offener und

direkter Form thematisiert wird wie bei Herrn Teichmann.
Umso wichtiger ist es, dass der Berater über die Sensibilität
und die Kenntnis heutiger Alternskonflikte verfügt. Sie befähigen ihn, konkretere Beratungsanliegen daraufhin zu prüfen,
ob sich nicht dahinter eine tiefer liegende Frage verbirgt, die
zahlreiche Facetten hat, von denen in den weiteren Kapiteln
einige aufgegriffen werden, und die letztlich auch die grundlegende Frage nach dem Sinn der Existenz umfasst. Dann
geht es nicht mehr allein um die psychosoziale Identität, sondern um die persönliche Identität und den Sinn des Daseins.
Der Umgang damit entscheidet mit darüber, ob ein älterer
Mensch ein Fundament findet, das es ihm erlaubt, die Zumutungen und Belastungen, die das Alter unumgänglich mit sich
bringt, zu tragen und zu ertragen.

3.1.2 Wenn die Zeit verrinnt – Die existenzielle Dimension

Das Alter selbst macht es uns nicht leicht, es empfängt uns
nicht mit Versprechen, die zum Aufbruch drängen, so wie
das Kind mit Ungeduld darauf wartet zum Jugendlichen zu
werden und der Jugendliche zum Erwachsenen. Sie drängt
es, das Leben und die Welt in Besitz zu nehmen. In der Mitte
des Lebens jedoch ändert sich dieses Lebensgefühl allmählich, der Vorwärtsdrang scheint zu erlahmen, und manchmal
richtet sich der Blick bereits sehnsüchtig zurück. Obwohl
sich die Zeit unserer unmittelbaren Wahrnehmung entzieht,
erfahren wir doch nun allmählich ihre Macht, vermittelt
über die *dringlichen Ereignisse*, die sich in der Lebensmitte
einstellen und die ihr unabwendbares Vergehen signalisieren.
Berufliche Optionen verschließen sich, die Kinder verlassen
das Haus, und womöglich wird der eine oder andere bereits
Großvater oder Großmutter, und so positiv und erfüllend
ein solches Ereignis in der Regel ist, so vermittelt es den Betreffenden doch auch das Vergehen der Zeit. Schließlich sind
in dieser Zeit die eigenen Eltern bereits in ein betagtes Alter
vorgerückt, womöglich hilfs- oder pflegebedürftig geworden,
oder sie versterben, eine Erfahrung, die die Endlichkeit des

Lebens spürbar werden lässt. Auch das eigene Altern wirft bereits seinen Schatten voraus, wie die Veränderungen des Körpers signalisieren, und wenn nicht bei einem selbst, weil man es nicht wahrnehmen möchte, so doch beim Partner, dem alter ego.

Auch wenn die Mitte des Lebens kalendarisch nicht eindeutig zu bestimmen ist und sich mit der Verlängerung der Lebenserwartung nach oben verschoben hat – heute wohl eher um die 50 als um die 40 anzusiedeln ist – so handelt es sich doch um eine Phase großer Ambivalenz, die auch in der Lebenstreppe sichtbar wird, so wie sie bereits im Mittelalter immer wieder auf Gemälden erscheint. Ein Mann – manchmal auch ein Paar – steigt Stufe um Stufe eine Treppe hinauf, auf der obersten Stufe angekommen breitet er die Arme aus und steht dort mit stolz geschwellter Brust, hat er doch sein Ziel erreicht und sein Narzissmus einen Höhepunkt erlangt. Er gehört zur dominanten Generation, die die gesellschaftlichen Machtpositionen innehat, und es scheint, als möchte er der Zeit zurufen: *Verweile doch, Du bist so schön*. In diesem Erleben ist auch begründet, warum bei der Frage an Ältere, was denn ihr Wunschalter sei, immer wieder die vier vorn erscheint. In dieser Zeit sind die Unsicherheiten der Jugend meist überwunden und die Gefährdungen des hohen Alters noch weit genug entfernt. Und doch kann derjenige, der oben auf der Treppenstufe steht, bereits nach unten schauen, die Stufen ersehen, die er hinabzusteigen hat. Auch wenn er den Blick zunächst abwendet und in die Weite schaut, so kann er doch in beide Richtungen blicken und damit die Kürze des Lebens ermessen, das von oben, d.h. von der Mitte des Lebens aus betrachtet recht überschaubar geworden ist. Man muss, so Schopenhauer (1851), lange gelebt haben, also alt geworden sein, um die Kürze des Lebens ermessen zu können. Diese Erfahrung verändert das Zeitbewusstsein des Menschen, es wächst ein Gespür für die Begrenztheit von Zukunft und die Vergänglichkeit des Seins.

Dass der Aufstieg in der Regel eine andere Grundstimmung erzeugt als der Abstieg, kennen wir vom Bergwandern. Das mag körperliche Gründe haben, aber vielleicht auch darauf zurück zu führen sein, dass der Aufstieg durch die Hoffnung auf eine schöne Aussicht erleichtert wird. Oben angekommen, ist man befriedigt oder ernüchtert, je nach dem, der Abstieg jedenfalls lässt nichts anderes als Mühsal erwarten. Und doch kann auch er ein Gefühl von Kostbarkeit hervorrufen, kann veranlassen, immer wieder innezuhalten, um auch die kleiner werdenden Ausblicke zu genießen und die gerade aufgenommenen Bilder in sich wirken zu lassen. Der Psychoanalytiker Jaques (1965) hatte sich in einer frühen, häufig zitierten Arbeit mit dem Einfluss der Erfahrungen der Lebensmitte befasst, in der die Vorstellung des persönlichen Todes allmählich zur Gewissheit werde, während in den früheren Jahren eine manische Abwehr überwiege. Die damit verbundene Abwehr depressiver Ängste müsse nun aufgegeben und die depressive Position – worunter ein reiferes psychisches Stadium verstanden wird, das einen größeren inneren Raum für Trauer und andere Gefühlszustände zulässt – erneut durchgearbeitet werden, um Ängste vor Abhängigkeit, Begrenztheit und Verlust ertragen zu können. Gelingt dieser Prozess, kann eine *reife Resignation* zu einer größeren Toleranz für Trauer und Ambivalenz führen. Jaques sieht diesen Prozess als einen Reifungsschritt, weil aus der neu gewonnenen Haltung dem Leben gegenüber Kreativität erwachsen könne, was er am Beispiel der Alterswerke großer Künstler aufzeigt. Die Anerkennung der eigenen Vergänglichkeit und Endlichkeit kann das Leben also kostbarer machen und impliziert, sich der Würde und der Einmaligkeit des menschlichen Daseins bewusster zu werden und sich den Mitmenschen mit ihren alltäglichen Erlebnissen wacher und aufmerksamer zuwenden zu können.

Nun wird eine solche Dimension in einer Beratungssituation kaum einmal explizit thematisiert werden, und doch ist sie von entscheidender Bedeutung, will man das Leben und das Lebensgefühl älterer Menschen verstehen lernen. Das die Zeit vergeht, und der subjektiven Empfindung nach immer schneller vergeht, ist eine der grundlegenden Erfahrungen eigenen Älterwerdens. Das innere Aufbegehren gegen diesen unumkehrbaren Prozess, die unbewussten Versuche, die Zeit anzuhalten, sie zu bannen, macht manche Altersphänomene verständlicher. Wenn das Leben älterer Menschen in Wiederholungen, Ritualen und Gewohnheiten zu erstarren droht, dann liegt dem häufig der unbewusste Wunsch zugrunde, die Zeit zu bannen. Schon Kierkegaard (1843) hat geschrieben, dass in der Wiederholung der Geschmack des Ewigen liege. Aber auch verschiedene psychopathologische Phänomene haben mit Zeit und Vergänglichkeit zu tun; die Depression, in der die Zeit still zu stehen scheint; der Zwang, in dem Wiederholungen völlig der Kontrolle entgleiten, oder beim Narzissten, der dem Vergehen der Zeit ausweicht, indem er an einem Größenselbst festhält, dass nicht der Zeitlichkeit ausgesetzt ist. Die Wahrnehmung von Zeit und Vergänglichkeit bedeutet auch die Konfrontation mit dem Näherrücken des eigenen Todes, der sich immer mehr hervorreckt, je weniger Zeit verbleibt. Dort, wo ihm der Zugang zum Bewusstsein verwehrt ist, macht er sich in verschiedensten Symptomen bemerkbar, womit sich insbesondere Yalom (2006) befasst hat, beispielsweise in der Hypochondrie, die im Alter stark zunimmt, in den funktionellen Körperbeschwerden, an denen eine Mehrzahl älterer Menschen leidet, oder in den Schlafstörungen, die bei Älteren doppelt so häufig auftreten als noch bei den 45 bis 59jährigen. In Homers Ilias gelten Schlaf und Tod als Brüder, als Söhne der Nacht, so wie in vielen späteren literarischen Zeugnissen. Dies kann eine durchaus beunruhigende, den Schlaf raubende Wirkung haben, wenn damit die Vorstellung verbunden ist, dass sich in der Nacht die Dämonen melden, auf der Bettkante sitzen und den um Schlaf Ringenden einflüstern, was er im Leben versäumt hat (Hillmann 2004).

3.1.3 Alter, Einsamkeit und die Frage nach dem Sinn

Frau B., 74 Jahre alt, kam nach einem Suizidversuch in die Krisenberatung. Sie war seit langem unzufrieden in ihrer Ehe gewesen, doch ihr Mann bot viel Sicherheit und Geborgenheit, was zählte, da sie in ihrem Leben früh traumatisiert und auch anfällig für körperliche Erkrankungen war. Sie hatte sich nie trennen können, obwohl sie mehrfach den Vorsatz dazu gefasst hatte. Sie beklagte, dass es in der Beziehung an Leidenschaft fehle, und mit zunehmendem Alter beschlich sie immer stärker das Gefühl, ihr Leben verpasst zu haben. Innerlich schien etwas in ihr zerbrochen zu sein, und was sie auch unternahm, vermochte ihr immer weniger Sinn zu vermitteln, so dass in ihr der Entschluss wuchs, sich das Leben zu nehmen. Im letzten Augenblick wurde dies durch ihren Mann vereitelt, der auch in dieser Situation auf sie acht gegeben hatte.

Die Annahme, dass Alter und Einsamkeit aufs engste zusammenzuhängen, scheint sich zu bestätigen, wenn wieder einmal die Nachricht schockiert, dass ein älterer Mensch schon seit Wochen tot in seiner Wohnung lag, und niemand sich um ihn gekümmert hat. Doch es ist immer problematisch, von Einzelmeldungen auf allgemeine Annahmen zu schließen, zumal wenn diese zum negativen Altersstereotyp passen, in dem Alter und Einsamkeit aufs Engste zusammen gehören. Empirische Studien zeigen, dass Alter keineswegs mit einem besonders hohen Einsamkeitsrisiko verbunden ist, sondern dies bei jungen Menschen ebenso groß ist. Allerdings ist zu befürchten, dass aufgrund zunehmender Singularisierung, d.h. der Anzahl allein lebender älterer Menschen auch die Zahl einsamer Menschen zunehmen wird, zumal weniger Kinder zur Verfügung stehen, die Beziehungslücke zu schließen. Die Anzahl der Kontakte ist jedoch nicht allein ausschlaggebend für das Gefühl, einsam zu sein; Isolation und Einsamkeit sind zu unterscheiden. Einsamkeit beschreibt einen inneren Zustand, der mit dem äußeren Leben nur begrenzt zu tun hat. Als der Philosoph Ernst Bloch am Ende seines Lebens erblindet war, gab er zu verstehen, dass er nun eben von seinen inneren Bildern leben müsse, und er war weit davon entfernt, darüber in Verzweiflung zu geraten. Auch wenn die Sehkraft nachlässt, bleibt die Wahrnehmung des inneren Auges doch erhalten. Wenn eine gefestigte innere Welt vorhanden ist, ist man weniger auf die tatsächliche Anwesenheit anderer angewiesen, weil diese innerlich präsent sind. Der Psychoanalytiker Winnicott (1958) hat vor langer Zeit eine Arbeit mit dem Titel: *Die Fähigkeit zum Alleinsein* geschrieben, in dem er dieses Phänomen zu erklären versucht. Er spricht von der Fähigkeit, allein sein zu können und sich dennoch nicht einsam zu fühlen. Diese entstehe in der Kindheit dann, wenn der Säugling oder das kleine Kind in Gegenwart der Mutter allein sein könne. Dann, so Winnicott, entstehe die Fähigkeit eines *anwesenheitsumhüllten Beisichseins*, d.h. ein sich zurückziehen können, ohne dass die Identifikation mit dem verlorengeht, wovon man sich zurückzieht. Man bleibt vielmehr damit in Kontakt und kann mit Teilen des eigenen Selbst oder innerer Objekte gewissermaßen eine innere Zwiesprache halten. Ist jedoch eine solche symbolische Welt nicht ausreichend entwickelt, dann wird das Alleinsein rasch zu dem quälenden Gefühl der Einsamkeit, das einem Absturz in die eigenen ›leeren Räume‹ gleichkommt.

In Beratungen haben wir es oft mit Älteren zu tun, die über diese Fähigkeit nicht oder nur eingeschränkt verfügen, so wie Frau B., die mit ihrem Mann zusammenlebte und zahlreiche Beziehungen pflegte, die ihr manchmal zu viel waren. Der Literaturkreis, dem sie angehörte, oder der Rommee-Nachmittag, der wöchentlich stattfand, das alles erlebte sie mit innerer Distanz, wie aus einer Beobachterposition. Es war ein Geschehen um sie herum, dass sie innerlich nicht erreichte, das ihr nach dem Suizidversuch lange Zeit fremd blieb und ihr Gefühl der Isolation nicht zu vertreiben vermochte. Besonders in existenziell bedrohlichen Situationen können Menschen ein Gefühl des ultimativen Getrenntseins von anderen erleben, eine existenzielle Isolation, die Quelle von Angst ist. Diese Angst ruft ein Gefühl der Unheimlichkeit, des ›Nicht-zu-Hause-seins‹ hervor, das sich zum Gefühl der existenziellen Einsamkeit verdichten kann, so wie es Frau B. zu erleben schien (Yalom 1989). Älterwerden kann mit einer solchen existenziellen Einsamkeit verbunden sein, wenn die Entfremdung, die im Alter unvermeidbar ist, nicht aufgehoben werden kann. Der Existenzialist Jean Amery (1968) hat den Prozess des Alterns als einen solchen Prozess zunehmender Entfremdung analysiert. Dieser vollziehe sich auf mehreren Ebenen, angefangen bei dem Vergehen der Zeit, die dem Älteren davonlaufe und sich jedem Versuch, sie intellektuell zu erfassen, entziehe, sowie den körperlichen Veränderungen, die den Alternden dem vertrauten Bild von sich selbst und seinem Körper entfernten. Die soziale Entfremdung entstehe, weil die Älteren soziale Rollen und ihre soziale Macht verlören und stattdessen an den Rand der Gesellschaft gedrängt würden; die kulturelle Entfremdung komme zustande, da die Zeit über die Älteren hinweg gehe und sie sich immer weniger mit dem identifizieren könnten, was sie umgibt. Sie verstünden manches nicht mehr, was die Welt ausmache, die nicht mehr die ihre sei (Amery, 1968). Insofern kann Altern als eine Radikalisierung der menschlichen Grundsituation verstanden werden (Rentsch 1992), die mit einer Erfahrung des Geworfenseins als menschlicher Grunderfahrung verbunden ist und als existenzielle Isolation, Einsamkeit und Sinnlosigkeit erlebt wird.

Folgt man dieser – zweifellos zugespitzten – Analyse, dann ist psychodynamisch gesehen davon auszugehen, dass diese Entfremdungsprozesse die Ich-Struktur und die intra- und interpersonelle Abwehr destabilisieren und eine Regression zur Folge haben können. Es bedarf einer gefestigten inneren Welt, um diese Erfahrung tragen und auch wieder umkehren zu können, über die manche Ältere nicht verfügen. Der starke Anstieg der Suizidraten im Alter dürfte nicht zuletzt auf diese Erfahrung und die Unfähigkeit, einen Umgang damit zu finden, zurückzuführen sein. In der Beratung muss es dann darum gehen, die innere Leere aufzufangen, sie abzufedern, aufzufüllen und zunächst von außen her zu stabilisieren. Manchmal reicht eine Beratung nicht aus, sondern ein Klinikaufenthalt ist erforderlich, um zunächst den notwendigen äußeren Halt wieder herzustellen. Gelingt es, die Klinik als beschützenden Rahmen und die Gruppe als mütterliches, tragendes Objekt ins Spiel zu bringen, kann die innere Isolation zunächst einmal aufgehoben werden. Im Weiteren geht es dann allerdings darum, auch die innere Leere aufzufüllen. Ob dies gelingt, ist von der Struktur des Betroffenen abhängig. Es wird darauf ankommen, gute Erfahrungen wieder zugänglich zu machen und das Vertrauen in die eigene innere Welt wiederzufinden, so weit diese vorhanden ist. Bei manchen spielt dabei auch der Glaube als innere Ressource eine wichtige Rolle, ein Glaube, der vielleicht durch die existenzielle Angst erschüttert worden war. Frau B. verfügte zwar nicht über diese Möglichkeit, doch sie trug trotz eines schweren Lebens ausreichend positive Erfahrungen in sich, die ihr halfen, ein inneres Gleichgewicht so weit wiederzufinden, dass sie wieder Vertrauen ins Leben finden konnte, auch wenn dies nur in einer längeren psychotherapeutischen Behandlung gelang. Andere jedoch, die über weniger innere Ressourcen verfügen, brauchen dauerhaft ein äußeres stabilisierendes Lebensgeflecht, und in diesen Fällen ist ein niederschwelliges Angebot in Form von Beratungsgesprächen äußerst hilfreich.

3.1.4 Eine besondere Problemgruppe – Männer im Alter

Frank Bascombe, Mitte fünfzig, der Protagonist in Richard Fords (2008) Roman *Die Lage des Landes*, hatte gerade die Nachricht erhalten, an Prostatakrebs erkrankt zu sein. Er zeigt sich irritiert, ohne aber eine besondere psychische Erschütterung erkennen zu lassen, auch spricht er zunächst mit niemandem darüber, es scheint ihn nicht danach zu drängen. Im Laufe des nächsten Tages fährt er mit einem Freund zur angekündigten Sprengung eines großen Gebäudes, die Symbolkraft dessen scheint ihm nicht bewusst zu sein, obwohl beide sich von der Kraft der Sprengung beeindrucken lassen. Es scheint, dass sie sich mit der gewaltigen Macht, die in der Sprengung liegt und die sie fasziniert, identifizieren, es ihnen diese Kraft aber auch erleichtert, sich selbst als kleiner wahrzunehmen und sich von ihrem Größenselbst zu trennen. Aber auch die Zerstörung, die die Sprengung bewirkt, zieht Frank Bascombe vermutlich an, weil sie die eigenen Ängste vor den destruktiven Folgen seiner Erkrankung widerspiegelt,

Ängste, die er in sich nicht wahrzunehmen vermag. Sagt diese Szene etwas darüber aus, wie Männer mit ihren Problemen umgehen, wie sie das Älterwerden und Krankheiten erleben?

Frank Bascombe ist geschieden; Scheidungen nach langjährigen Ehen sind in den letzten zwei Jahrzehnten stark angestiegen und haben sich nahezu verdoppelt. Fooken (2002) hat in einer Studie untersucht, welche Folgen das für die Betroffenen hat und wie sie damit zurecht kommen. Dabei zeigte sich, dass in der Mehrzahl der Fälle die Scheidung auf Veranlassung der Frauen zurückging. Noch etwas anderes aber war bedeutsam: Zur Gruppe der Verlierer, die mit dieser Lebensveränderung nur schwer einen Umgang zu finden vermochte, die häufiger psychische Symptome entwickelten und öfter emotional vereinsamten, gehörten 50% der befragten Männer. Nur die Hälfte der Männer fand bald in ein normales Leben zurück, häufig aber nur über eine erneute Wiederverheiratung. Frauen hingegen zählten häufiger zu den Gewinnern, sie mussten zwar auch eine Krise überstehen, dann aber gelang es ihnen eher, zu neuer Stabilität zu finden und die Situation sogar als Chance zu begreifen. Was aber sagt dieses Ergebnis über Männer aus?

Häufiger gelten Frauen im Alter als Verlierer, die amerikanische Journalistin Susan Sonntag (vgl. von Sydow 1992) prägte das Bild vom *double standard of aging*, was bedeutet, dass Frauen doppelt benachteiligt sind. Sie meinte damit, dass es für Männer zwei Schönheitsideale gebe, das als Knabe bzw. junger Mann und das des Herrn mit grauen Schläfen, während für Frauen nur ein Ideal gelte, nämlich das des Mädchens. Doch beschränkt sich diese Beschreibung nicht zu sehr auf äußere Merkmale, und gilt sie womöglich nur, so lange keine besonderen Anforderungen zu bewältigen sind? Zahlreiche Hinweise deuten in eine andere Richtung. Es scheinen eher die Frauen zu sein, die im Alter noch einmal zu neuen Ufern aufbrechen und ein Stück versäumtes Leben nachholen. Männer verbleiben öfter in ihren gewohnten Bahnen, sie verfügen über weniger Offenheit, Flexibilität und Beziehungsfähigkeit, um sich im Alter neue Lebensoptionen zu verschaffen. Vielmehr erleben sie den Verlust von Macht, Einfluss, männlicher Potenz oft als tiefe Kränkung, insbesondere dann, wenn sie auf ein traditionelles männliches Selbstbild festgelegt und auf äußere männliche Attribute angewiesen bleiben. Diese haben oft zeitlebens eine Selbstunsicherheit verdeckt, die jetzt in Form der Kränkungsreaktion zutage tritt. Dabei ist von Bedeutung, dass die jetzige Generation älterer Männer häufig ohne ein väterliches Vorbild auskommen musste, sei es, weil der Vater kriegsbedingt lange abwesend oder gar gefallen war oder aber, weil der anwesende, aber in der Familie wenig präsente Vater kaum erreichbar war. Der Vater stand dann als triangulierendes Objekt nicht ausreichend zur Verfügung, so dass der Sohn es schwerer hatte, in ihm ein Vorbild zu finden und sich von der Mutter so weit zu lösen, wie es zur Entwicklung einer eigenständigen männlichen Identität erforderlich ist. In diesem Fall aber bleiben Männer angewiesen auf äußere männliche Attribute, um die dahinter verborgene Unselbständigkeit überdecken.

Ein 72jähriger Mann kam nach einer schweren Krise in die Klinik. Er war depressiv geworden, nachdem er seine Hirschzucht abgeschafft hatte. Diese hatte er nach der Berentung aufgebaut, und es schien, dass er damit ein Gefühl beruflichen Scheiterns hatte kompensieren wollen. Er hielt jedoch so viele Tiere in einem kleinen Gehege, dass er Ärger mit der Aufsichtsbehörde bekam, die schließlich eine Reduktion verlangte. Aus Wut schaffte er alle Tiere ab und dekompensierte dann. Auf der Station zeigte er sich unzufrieden, beschwerte sich und mokierte sich über eine unzureichende Organisation, für die es doch heutzutage moderne, computergestützte Programme gebe, wie er dem Therapeuten zu verstehen gab. Ein halbes Jahr nach der Entlassung aus der Klinik nahm er sich das Leben.

Der Patient fand offensichtlich keinen Weg, mit dem Gefühl der Kränkung umzugehen, und die Wut, die sich in der Klinik noch gegen die Ärzte gerichtet hatte, hatte er nun gegen sich selbst gewandt. Im Alter stehen männliche Attribute und

Kompensationsmöglichkeiten weniger zur Verfügung, das Angewiesensein auf andere, die notwendige Selbstfürsorge und die Pflege von Beziehungen fällt Männern schwer. Sie nehmen weniger Gefühle wahr und leben in kompensatorischer Absicht in stärkerem Maße Aggressivität, Kontrolle, Macht und Dominanz aus. Damit in Zusammenhang stehen andere Beziehungsmuster, als sie bei Frauen zu finden sind. Männer haben weniger enge vertraute Bezugspersonen und erfahren weniger Unterstützung in Beziehungen (Kruse et al. 2001). In einem engen Denken verhaftet Bleiben wirkt sich u.a. in einem unzureichenden, risikobehafteteren Gesundheitsverhalten aus. So werden beispielsweise Vorsorgeuntersuchungen nur von einer kleinen Minderheit in Anspruch genommen. Zwar haben Männer einen insgesamt besseren Gesundheitszustand als Frauen, jedoch haben sie höhere Prävalenzraten bei akuten und lebensbedrohlichen Erkrankungen wie Herz-Kreislauferkrankungen und Krebserkrankungen. Da sie im Krankheitsfalle oft zu spät ärztliche Hilfe in Anspruch nehmen, kommt es zu einer höheren Komplikationsrate und die Erkrankungen nehmen häufiger einen tödlichen Verlauf (Brähler u. Kupfer 2001). Auf diese Unterschiede ist nicht zuletzt die um ca. 6 Jahre kürzere Lebenserwartung der Männer zurückzuführen.

Die beschriebenen Eigenarten älterer Männer wirken sich so aus, dass sie durch Beratungs- und Psychotherapieangebote kaum zu erreichen sind. In der Erhebung von Imai et al. (2008) befanden sich bei den über 70jährigen Psychotherapiepatienten nur 10% Männer, bei der Gesamtgruppe von Patienten sind es 30%. Vielmehr wählen sie im Belastungsfalle, beispielsweise bei einer bedrohlichen Erkrankung oder beim Tod der Ehefrau, die oft die einzige enge Vertrauensperson ist, einen anderen Weg, nämlich den des Suizids, so wie es auch der oben geschilderte Patient tat. Die Suizidraten steigen im Alter dramatisch an, und zwar vorwiegend bei Männern; hier liegt die Rate bei 35,5 Suiziden auf 100.000 Einwohner, bei Frauen sind es 10,6. Suizidalität bei älteren Männern zu erkennen und rechtzeitig eine entsprechende Behandlung oder Krisenintervention einzuleiten, ist eine wichtige Aufgabe für Beratung (Lindner 2011).

Es ist davon auszugehen, dass die spezifischen Sozialisationserfahrungen, die die vorausgegangene Kohorte älterer Menschen geprägt haben, sich bei Männern nachhaltiger bemerkbar machen als bei Frauen. Die Härte und Entschlossenheit, die früh im Leben verinnerlicht wurde, spiegelt sich jetzt in der Entschlossenheit wieder, mit der sie ihrem Leben ein Ende setzen; in keinem anderen Lebensabschnitt enden Suizidversuche so häufig auch tödlich. Eine aggressive, selbstzerstörerische Männlichkeit, wie sie Klaus Theweleit (1986) in seiner großen Studie über Männerbünde und Freikorps in der Zeit der Weimarer Republik erforscht hatte, hat sich über Generationen tradiert. Immer noch bleiben Männer häufig einer ›imperialen Deutung‹ des Lebens verhaftet, wie Dorothee Sölle (2003) es einmal formulierte. Erst jetzt erscheint allmählich eine Generation Männer, die in den 60er Jahren sozialisiert wurde und hier einen anderen Umgang mit sich und anderen erwerben konnte.

3.2 Gefährdungen von außen – die soziale Welt sichern

3.2.1 Ein Weg ins Abseits? – Soziale Abwertung

Am Beginn des Films *Papa ante portas* von Loriot verlässt Herr Loose am frühen Morgen voller Agilität das Haus und ruft seiner Frau zu: ›Der Mann geht tagsüber mit seiner Keule auf die Jagd und die Familie sitzt in der Höhle und wartet‹. Seine etwas mitleidig lächelnde Frau antwortet: ›Hier, Deine Keule‹, und reicht ihm seinen Knirps. Doch im Betrieb wartet eine böse Überraschung auf ihn: Er wird zu seinem Chef bestellt, dessen Zimmer er noch voller Stolz betritt, so dass der Eindruck entsteht, dass er sich vorbehaltlos mit dem Chef verbunden und mit der Firma identifiziert fühlt. Doch möglicherweise hat er auch einige Veränderungen ausgeblendet, und die kritischen Blicke beim Betreten der Firma am Morgen scheint er nicht bemerkt zu haben. So trifft es ihn wie ein Schlag, dass der Chef ihn in den Vorruhestand schickt, er fühlt sich gekränkt, gedemütigt, beschämt, ein Gefühl, dass das Selbst in ein grelles Licht rückt, so, als könnte alle Welt auf es blicken. Schamgefühle rufen ein Gefühl des Sich-Verbergen und Verstecken-Wollens hervor, der Beschämte möchte im Boden versinken. Doch dieses Gefühl kann sich rasch ins Gegenteil verkehren: Bei Herrn Loose steigen Wut und Empörung auf, die für einen Augenblick durchbrechen, als er die ihm gereichte Zigarre voller Wut zerfetzt. Lauthals verkündet er, er sei es, der nun den Bettel hinschmeiße, die Scham hat sich in Angriff verwandelt. Herr Loose gerät in eine Situation, die zahlreiche ältere Arbeitnehmer erleben, wenn ihnen vorgeworfen wird, nicht mehr mithalten zu können und die Erfahrung, die sie einzubringen vermögen, nicht mehr zählt. Die Angst vor dem Entzug sozialer Anerkennung, vor gesellschaftlicher Ausgrenzung und Stigmatisierung durchzieht das Alter wie ein herannahendes Gewitter, von dem man nicht weiß, ob es vorbeizieht oder einen trifft. Die Demütigung durch den Chef trifft Herrn Loose wie der Blitz; das Gewitter ist unbemerkt näher gezogen und hat sich über ihm entladen. Er hatte bisher offensichtlich jeden Gedanken an ein näher rückendes Berufsende beiseite geschoben, so wie viele Männer, die sich an ihren Beruf klammern und in besonderer Weise mit ihm identifiziert sind. Doch nun bricht diese Abwehr zumindest für einen Moment zusammen, was in der unmittelbar nachfolgenden Szene deutlich wird, in der er auf der Strasse als herunter gekommener Straßenmusiker erscheint, der wie von Sinnen, als ob es ums Ganze geht, eine Geige traktiert, daneben eine Frau, die für ihn sammelt, als sei er nun auf Almosen angewiesen. Diese Szene verdeutlicht die Angst vor dem Entzug sozialer Anerkennung und dem Absturz ins soziale Nichts: Wer bin ich ohne meinen Beruf, ist meine Identität jetzt zerstört? Gegenüber dem Sohn verkehrt Herr Loose das Erlebte ins Gegenteil, aus einer Niederlage macht er eine vermeintlich selbstbestimmte Handlung, ›Ich habe den Bettel hingeschmissen‹, verkündet er.

Soziale Anerkennung ist zur Aufrechterhaltung eines gesunden Narzissmus ein tragender Bestandteil, wie der Sozialphilosoph A. Honneth (2007) in seinen Arbeiten zur Anerkennungstheorie nachdrücklich belegt hat. Im Alter besteht jedoch eine Gefährdung dieser Anerkennung aufgrund der – oftmals erzwungenen – Aufgabe angesehener und gesellschaftlich bedeutsamer Positionen. Zudem reduziert sich die emotionale Zuwendung aufgrund der nicht mehr selbstverständlich gegebenen Integration in die soziale Gemeinschaft, sowie durch die soziale Abwertung des Alters in dynamischen Gesellschaften. Das diese Abwertung trotz mancher Wandlungen des Alters in der Arbeitswelt ungebrochen fortbesteht, ja sich in der globalisierten Welt eher noch verstärkt, hat R. Sennett (1998) in seinem Buch *Der flexible Mensch* gezeigt. Er analysiert darin die Arbeitswelt im globalen Kapitalismus, die auf längerfristige Bindungen, Loyalität und Erfahrungen keinen Wert mehr legt, sondern die einer immer rasanter werdenden Beschleunigung und ständigen Erneuerung unterliegt, die Älteren keinen Platz mehr lässt.

Für die soziale Ausgrenzung, Stigmatisierung und Diskriminierung wurde in der Aufbruchstimmung der 1960er Jahren der Begriff des »ageism« geprägt, der die Benachteiligung Älterer, d.h. sowohl die Vorurteile gegenüber alten Menschen als auch deren diskriminierende Behandlung beschreibt. Der Begriff des ageism stand im Kontext der Begriffe sexism und rassism und beinhaltet auch deren kämpferischen Impetus. Ageism ist trotz der Wandlungen des Alters und trotz eines zunehmend differenzierteren Altersbildes bis heute keineswegs völlig überwunden. Alter wird immer noch auf vielfältige Weise negativ bewertet, stereotypisiert und stigmatisiert, was die Aufrechterhaltung eines positiven Selbstwertgefühls im Alter wesentlich erschwert und die Bedrohung durch Schamgefühle zu einem latenten Dauerzustand werden lässt. Nicht nur im Arbeitsleben hat sich die Diskriminierung Älterer eher noch verstärkt, auch in anderen Bereichen finden wir weiterhin unterschiedlichste, manchmal subtile Formen von Altersdiskriminierung, die von abwertenden Äußerungen über gezielte Schädigung bis hin zu einer ignorierenden, gleichgültigen oder ausgrenzenden Behandlung reichen. Zu denken ist etwa an die altersunfreundliche Gestaltung öffentlicher Räume, an die Unterrepräsentation Älterer in den Medien, an das Finanz- und Versicherungswesen oder das Rechtswesen – so dürfen über 70jährige keine Schöffen mehr werden. Aber auch das Gesundheitswesen ist ein Bereich, der keineswegs frei von Altersdiskriminierung ist. So ist durch Untersuchungen belegt, dass Ärzte weniger Zeit mit Älteren in der Sprechstunde zubringen als mit jüngeren Patienten, dass sie in ihrer Diagnosestellung nicht frei von Altersvorurteilen sind und bei Älteren seltener Rehabilitationsmöglichkeiten in Betracht ziehen. Der Personalschlüssel in gerontopsychiatrischen Abteilungen ist für therapeutisches Personal schlechter als der in anderen Abteilungen (Rothermund u. Mayer 2009).

Besonders offensichtlich wird soziale Ausgrenzung und Diskriminierung im hohen Alter, wenn Hilfs- und Pflegebedürftigkeit eintreten (vgl. Kap. 3.3.6). Missbrauch, Gewalt und Vernachlässigung alter Menschen sind weiter verbreitet als vielfach angenommen, auch wenn genauere Zahlen schwer zu ermitteln sind (Hirsch 2004). Besonders einschneidende Maßnahmen sind Fixierungen oder Sondenernährung, die bei besserer personeller Ausstattung in vielen Fällen unterbleiben könnten. In einer Studie räumten 70% der Pflegekräfte ein, schon Handlungen durchgeführt (oder unterlassen) zu haben oder bei Kollegen beobachtet zu haben, die als physische oder verbale Misshandlung, Einschränkung der persönlichen Freiräume oder Vernachlässigung der älteren Patienten interpretierbar waren (vgl. Rothermund u. Mayer 2009).

Für alte Menschen haben solche Erlebnisse oft verheerende, manchmal traumatische Folgen. Der Rückzug Älterer, die Abwendung von der äußeren Welt und ein Sich-Einkapseln in eine innere, abgeschlossene Welt sind ein häufiges Resultat. Oft bleibt es aber nicht dabei, sondern Ältere entwickeln eine paranoide Haltung zu ihrer Umwelt, die sie, oft berechtigterweise, als ablehnend, ja feindselig erleben. Auch aggressive Reaktionen können in einem unempathischen, altersdiskriminierenden Umgang ihre Ursachen haben, etwa dann, wenn ein junger Pfleger körperliche Pflege vornehmen soll und dabei nicht bedacht wird, welche biografischen Erfahrungen möglicherweise ein solches Vorgehen zu einer zutiefst grenzverletzenden, die Würde nehmenden Vorgehensweise machen (Gröning et al. 2004). Beratung gewinnt in diesem Zusammenhang vor allem in Form von Supervision Bedeutung, die allerdings gerade in Pflegeheimen nur selten anzutreffen ist.

Um Altersdiskriminierung abzubauen, bedarf es struktureller Veränderungen auf gesellschaftlicher Ebene, was von der Schaffung antidiskriminierender rechtlicher Bedingungen über die Entwicklung altersfreundlicher Umwelten bis hin zur Verbesserung insbesondere des Pflegewesen reichen müsste. Es ist aber auch eine Überwindung des einseitig negativen Altersbildes und daraus resultierender Verhaltensweisen im Umgang mit Älteren erforderlich. Es geht um Aufklärung und Öffentlichkeitsarbeit, insbesondere im Hinblick auf eine Verbesserung des Altersbildes hin zu differenzierteren Vorstellungen vom Alter. In diesem Zusammenhang kommt auch den Kirchen eine besondere Verantwortung zu. Der Gerontologe Andreas Kruse (Kruse u. Wahl 2010) plädiert eindringlich dafür, eine altersfreundliche Kultur zu entwickeln, in der es auch betagten Älteren möglich wird, im öffentlichen Raum zu verbleiben und am sozialen Leben teilzuhaben, weil nur dann ein würdevolles Altern möglich wird. Dann aber können Ältere auch das Selbstbewusstsein entwickeln, dass es ihnen ermöglicht, sich vor Diskriminierungen zu schützen.

3.2.2 Wenn die Entfremdung droht – Liebe, Ehe, Erotik

Ein älteres Ehepaar kam in die Beratung, sie Ende siebzig, er etwas über achtzig Jahre alt. Sie wirkten ermattet und erschöpft wie nach einem langen Kampf. Er fühlte sich völlig überfordert mit seiner Frau, die seit langem an einer psychischen Erkrankung litt, und trotz der langen Jahre fand er keinen Weg, mit ihr umzugehen, wenn es ihr schlecht ging. Doch bald stellte sich heraus, dass sich die Situation noch aus einem ganz anderen, vielleicht sogar wichtigeren Grund seit Jahren zugespitzt hatte, nämlich durch die Enttäuschung über ihren Sohn, der sich ablehnend und vorwurfsvoll ihnen gegenüber verhielt und zu dem der Kontakt immer spärlicher wurde. Sie waren sich uneinig darin, inwieweit sie sich um den Rest des noch bestehenden Kontaktes bemühen sollten. Während er völlig resigniert und bereit war, den Kontakt abzubrechen, bemühte sie sich immer wieder, telefonierte ab und an und versuchte, den Faden nicht ganz abreißen zu lassen. Das aber machte er ihr zum Vorwurf, bezeichnete sie als naiv und leichtgläubig, während sie ihrerseits weniger mit Vorwürfen als vielmehr dadurch antwortete, dass sie sich zurückzog und die Telefonate heimlich führte. Um den Umgang mit dem Sohn hatte sich nun ein langer Kampf entwickelt, der wie ein Stellungskrieg wirkte, und hinter dem eine lange Geschichte stand.

Eheleute leben heute länger zusammen als jemals zuvor und betreten damit Neuland, für das es keine Landkarte gibt. War bei früheren Kohorten die Loyalitätsverpflichtung, die ja bei der Eheschließung abgegeben wird, ein starkes Band, das ein Paar zusammenhielt, wenn es ihnen denn vergönnt war, gemeinsam das Alter zu erreichen, so verliert sich diese Bindungskraft allmählich. Es ist heute weniger das Versprechen als vielmehr die gemeinsam gewachsene, aber auch immer wieder zu erarbeitende Identität, die das Fundament in der alternden Ehe stiftet. Diese Identität wird getragen von der gemeinsamen Geschichte, den geteilten Überzeugungen und dem gemeinsam geschaffenen Lebensrahmen. Diese Gemeinsamkeiten bringen manche ältere Ehepaare auch nach außen hin zum Ausdruck, etwa in einer immer ähnlicher werdenden Kleidung oder identischer Kleiderfarbe. Doch wichtiger dürfte die innere Verbindung sein, die mit den Jahren gewachsen ist, und eine reife Liebe, die sich in einem Zugehörigkeitsgefühl, in Dankbarkeit sowie einer geteilten ehelichen Identität zeigt, die dieser Liebe ein inneres Fundament verschafft.

Auch Erotik und Sexualität bleiben Teil dieses Fundaments, in der dann die Einzigartigkeit dieser Verbindung ihren Ausdruck findet. Zwar gelingt es manchen Paaren auch ohne Sexualität eine solche Verbindung zu erhalten, zumal dann, wenn körperliche oder medizinische Gründe ausschlaggebend dafür sind, keine genitale Sexualität mehr zu praktizieren. Häufiger sind auch Störungen in der sexuellen Funktionsfähigkeit ausschlaggebend, etwa eine erektile Dysfunktion beim Mann oder Schmerzen beim Geschlechtsverkehr bei der Frau. Diese Hindernisse sind aber nicht unüberwindlich, wenn die Bereitschaft besteht, sich offen darüber auszutauschen. Schwieriger wird eine Lösung dieser Probleme, wenn eine solche Bereitschaft zu einem offenen Gespräch nicht besteht, weil vielleicht tiefgreifendere Konflikte die Beziehung belasten. In Gesprächen, die Kirstin von Sydow (1992) mit älteren Frauen führte, fand sie häufig eine allein vom Mann dominierte Sexualität, die für die Frau nicht nur unbefriedigend geblieben war, sondern auch als demütigend erlebt wurde. Das Alter bietet dann einen Anlass, sich aus dieser erniedrigenden Situation zurückzuziehen. Schließlich fand sie bei den interviewten Frauen häufig auch biografische Erfahrungen von Missbrauch und Vergewaltigungen, oft im Zusammenhang mit Kriegs- oder Fluchterlebnissen, – so wird geschätzt, dass es bei der Besetzung Berlins durch russische Soldaten zu mindestens 100.000 Vergewaltigungen gekommen ist – die zeitlebens die Sexualität zu einem schwierigen Bereich der Beziehung hatte werden lassen. Wenn solche Erfahrungen in einem geschützten Raum vielleicht erstmals zur Sprache kommen können, kann damit eine befreiende Wirkung verbunden sein.

Auch wenn Probleme im Bereich der Sexualität zunehmen und sexuelle Aktivitäten insgesamt abnehmen (Bucher 2005), ist das Alter doch weit davon entfernt, eine Zeit ohne Sexualität zu sein, so wie es ein negatives Altersstereotyp lange Zeit unterstellte. Eine zärtliche, erotische und auch sexuelle

Verbindung bleibt für viele Paare ein wichtiger Ausdruck der Einzigartigkeit ihrer Verbindung, und sie vermögen sich in der intimen Begegnung immer wieder als jeweils Besondere zu erfahren. Dies gelingt eher, wenn die frühen Bilder aus der Zeit des Verliebtseins nicht völlig verschwunden sind, sondern in diesen Augenblicken wieder neu belebt werden können. Dennoch sind Umstellungen und Lernprozesse erforderlich, und meist verliert die genitale Sexualität die herausgehobene Bedeutung der frühen Ehejahre. Vielmehr kann die erotische Verbindung sogar facettenreicher werden, wenn es gelingt, der Zärtlichkeit mehr Aufmerksamkeit zu schenken, dann können alternde Paare eine *zweite Sprache der Sexualität* erlernen, wie es Butler und Lewis (1996) formuliert hatten, die die Beziehung auf neue Art bereichert. Dazu bedarf es jedoch eines neuen Miteinanders, was nicht selten nur mit beraterischen Unterstützung gelingt (Vogt 2004); in den Beratungsstellen von Pro Familia suchen schon heute mehr ältere Paare um Beratung nach.

Die Aufrechterhaltung einer erotischen Bindung ist jedoch nicht die einzige Aufgabe, der sich ein älter werdendes Paar zu stellen hat. Dass nicht unerhebliche Schwierigkeiten zu bewältigen sind, wird nicht zuletzt an den steigenden Scheidungsraten nach langjähriger Ehe deutlich. Der Film *Papa ante portas* ist auch hierfür ein treffendes Beispiel. Nach der schockierenden Frühberentung von Herrn Loose begegnen sich beide Ehepartner unverhofft wie Fremde in der gemeinsamen Wohnung, so, als hätten sie sich längst aus den Augen verloren; jeder hatte sein Leben, aus dem der andere weitgehend ausgeschlossen war. Nun aber, wo sie sich nicht mehr entrinnen können, werden alte Rechnungen wieder präsentiert, so wie auch bei dem eingangs geschilderten alten Ehepaar, als ob ein Schuldenkonto angelegt wurde, auf dem vermerkt war, wer welchen Anteil an den aufgetretenen Schwierigkeiten hatte. Nicht der Stolz auf die gemeinsamen Kinder förderte neue Gemeinsamkeiten und ermöglichte einen versöhnlichen Blick auf das gemeinsam Geschaffene, sondern dieser Blick entzweite das Paar. Auch beim Ehepaar Loose beginnt ein langes und turbulentes Ringen um ein neues Leben. In der Schlussszene dann spielen beide gemeinsam ihre ersten Töne auf einer Blockflöte, wie zwei Kinder, die ihre ersten Gehversuche machen, um mithilfe der versöhnlichen Kraft der Musik eine neue Verbindung zu schaffen. Sie haben etwas Gemeinsames gefunden. Auch wenn dieser Anfang unbeholfen wirkt, so endet der Film doch mit diesem hoffnungsvollen ersten Schritt. Versöhnen heißt auch Vergeben und Verzicht auf die Begleichung alter Rechnungen, erst dann können neue Gemeinsamkeiten und eine veränderte innere Verbindung entstehen. Die Kraft zur Versöhnung zu fördern und neue Schritte des Aufeinanderzugehens zu wagen, kann dann die Aufgabe von Beratung sein. Eine Anpassungskrise, wie das Ehepaar Loose sie durchlebt, ist in vielen Fällen Anlass für eine Beratung, und es geht zunächst darum, diese zu entdramatisieren. Anpassungskrisen sind vielfach unumgänglich, ja notwendig, um sich aus alten Mustern zu lösen und sich neu aufeinander einstellen zu können. Dass dies vielen Paaren aber auch ohne Beratung gelingt, zeigen Untersuchungen zur Ehezufriedenheit, die im Alter wieder ansteigt, wenn sich die Belastungen durch Familie und Beruf reduzieren.

Mit fortschreitenden Jahren dann wird das Alter selbst zu einer neue Verbindungen stiftenden Aufgabe (Jellouschek 2008). Ehepaare entwickeln das Gefühl, im gleichen Boot zu sitzen und das Schicksal gemeinsam tragen zu wollen. Dies wird dann allerdings zu einer besonderen Prüfung, wenn beide in unterschiedlichem Tempo altern, wenn den einen Partner die Gebrechen und Einschränkungen des Alters früher erreichen als den anderen. Dann entsteht eine Asynchronizität in der Beziehung, die oft die bisherige Rollenverteilung auf den Kopf stellt. Zwar sterben die Männer in der Regel früher, aber ältere Frauen weisen mehr Gebrechen und Krankheiten auf als Männer, so dass nicht selten der Mann gefordert ist, seine Frau zu unterstützen und damit Aufgaben zu übernehmen, für die bisher die Frau zuständig war. Besonders schwierig wird die Situation, wenn der eine Partner pflegebedürftig wird und ganz auf den anderen angewiesen ist. Dann die Abhängigkeit zu ertragen und die Kraft aufzubringen, für den anderen da zu sein, ist eine besondere Prüfung für die Verbundenheit beider.

3.2.3 Spannungen und Enttäuschungen – Die erwachsenen Kinder

Die 76jährige Frau W. kam voller Hoffnungen in die Beratung, jetzt, so glaubte sie, habe sie endlich den richtigen männlichen Berater gefunden. Die Euphorie verflog rasch, als schnelle Linderung ihrer ständigen Schmerzen ausblieb, und auch der Konflikt mit dem Enkel sich nicht auflöste. Enttäuscht zog sie sich zurück. Es war bereits die zweite Beratung, die sie abbrach, weil ihre Erwartungen nicht erfüllt wurden. Es zeigte sich, dass dem ein Lebensmuster zugrunde lag, insbesondere an Männer große Erwartungen zu richten und sich enttäuscht abzuwenden, wenn diese nicht erfüllt werden. So hatte sie den Sohn fallen lassen, als dieser beruflich nicht so erfolgreich war wie sie sich das gewünscht hatte und mehr und mehr zum Alkohol griff. Bereits beim Vater hatte sich ein ähnliches Muster abgespielt, als dieser, nach dem frühen Tod der Mutter, sich eine neue Frau suchte, mit der sie sich nie verstand. Diese Enttäuschung hatte sich beim Sohn wiederholt, und auch der Enkel, in den sie große Hoffnungen gesetzt hatte, schien nun in ihren Augen zu versagen. Sie zog sich immer weiter in die Schmerzen zurück und war kaum in der Lage, ihre eigene Haltung zu überdenken.

In den Kindern setzt sich das eigene Leben fort. Sich mit ihnen zu identifizieren kann die Bürde des Alters mildern, so wie bei jener betagten an schwerer Arthrose leidenden Frau, die kaum mehr einen Körperteil schmerzfrei bewegen konnte und nur noch sehr eingeschränkt bewegungsfähig war. Sie gab an, in ihren Gedanken bei den Kindern und Enkelkindern zu sein, deren Tag zu verfolgen und dadurch selbst ein wenig an deren Leben teilzuhaben. So war es ihr möglich, die Einschränkungen, die sie vom Leben weitgehend abschnitten, zu ertragen, ja sogar eine gewisse Lebenszufriedenheit zu erhalten. Doch auch wenn die Verbundenheit mit den Kindern nicht immer so weit gehen muss, in der Phantasie deren Leben nachzuempfinden, so erweitert die Identifikation mit den Kindern doch den eigenen Erlebnisraum, der ansonsten durch das Alter und die eigene verkürzte Zeitperspektive eingeschränkt sein kann. Umso schwerer wiegt, dass immer mehr Ältere ohne Kinder alt werden müssen und ihnen diese Möglichkeit nicht zur Verfügung steht, es sei denn, sie finden ›Ersatzkinder‹, mit denen sie diese Lücke füllen können. Zudem leben immer mehr erwachsene Kinder in größerer Entfernung, so dass die Möglichkeit der konkreten Unterstützung bei der alltäglichen Lebensbewältigung entfällt oder doch stark eingeschränkt ist. Dennoch bleiben beide in der Regel in engem Kontakt, und die Gerontologie hat hierfür die Formel der *Intimität auf Abstand* gefunden (Rosenmayr 2007), womit gemeint ist, dass trotz einer größeren Entfernung der Lebensorte ein regelmäßiger, als bedeutsam erlebter Kontakt gepflegt wird. Allerdings besteht auch ein Ungleichgewicht in der Beziehung, weil in der Regel sich die alten Eltern mehr und intensiveren Kontakt wünschen als die erwachsenen Kinder, die auf ihr eigenes, selbständiges Leben bedacht sind. In einer Untersuchung von Peters et al. (2006), in der alte Eltern befragt wurden, fand sich, dass kaum jemand ausschließlich positive Gefühl für die erwachsenen Kinder hegte. Viele bedauerten, dass die Kinder zu wenig Zeit für sie hätten, aber viele waren auch nicht einverstanden damit, wie die Kinder ihr Leben führten, erklärten dies aber zu einem Tabu-Thema, dass nicht mit den Kinder besprochen wurde.

Spannungen dieser Art gehören zur normalen Ambivalenz in Beziehungen zwischen erwachsenen Kindern und alten Eltern. Eine Beratung sollte erst dann in Erwägung gezogen werden, wenn sich diese Spannungen so weit steigern, dass sie das gesamte Klima überlagern und einen normalen, zugewandten Umgang erschweren und das Gleichgewicht, dass in der Formel *Intimität auf Abstand* zum Ausdruck kommt, bedroht ist. In der Regel leiden die alten Eltern mehr unter den Konflikten als die Kinder, weil sie sich mehr auf diese angewiesen fühlen und sie in ihrem Leben einen größeren Stellenwert einnehmen als umgekehrt. Die schmerzlichen Gefühle können überhand nehmen, wenn die Kinder ihr Leben nicht zu bewältigen vermögen und scheitern, oder wenn sich Konflikte so weit zuspitzen, dass es zum Zerwürfnis kommt wie in dem oben geschilderten Fall. Dann entsteht eine Situation, in der Ältere auch sich selbst Fragen zu stellen haben (Kazis u. Ugolini 2008): Überfrachte ich meine Kinder vielleicht mit zu großen Erwartungen, für mich da zu sein, habe ich ihnen wirklich ein eigenes Leben zugestanden, oder sollten sie meine eigenen Vorstellungen verwirklichen, vielleicht etwas erreichen, was ich selbst nicht zu erreichen vermochte; habe ich ihnen in der Vergangenheit auch meinerseits ausreichend Unterstützung zuteil werden lassen, habe ich nicht auch einen Anteil daran, dass sie ihr Leben nicht zu meistern vermögen? Es stellen sich also zahlreiche Fragen, die sich Frau W. nicht zu stellen vermochte, stattdessen verbarg sie sich in ihren Schmerzen. Aufgabe einer Beratung ist es dann, den Älteren vorsichtig an diese selbstkritischen und schmerzlichen Fragen heranzuführen.

Manchmal spielen auch besondere Konfliktanlässe eine Rolle, beispielsweise wenn Erbschaftsfragen ins Spiel kommen. Dabei handelt es sich um ein besonders prekäres Thema, das *letzte Familiengeheimnis*, wie Lüscher (2003) meint. Tatsächlich wird ein solcher Anlass oft zum Auslöser für zugrundeliegende Konflikte um Liebe und Zuneigung, Eifersucht und Zurückweisung, Macht und Unterwerfung. Das Besondere dieser Konfliktsituation liegt auch darin, dass darin meist alle Kinder involviert sind und insofern eine familiendynamische Konstellation entsteht, die zu erheblichen Verwicklungen führt. Noch bleiben diese Konflikte meist hinter verschlossenen Türen verborgen oder allein in der Zuständigkeit des Rechtsanwaltes, aber es dürfte absehbar sein, dass zukünftig auch Beratungsstellen sich dieser Konstellation werden stellen müssen.

Die Beziehungswelt des älteren Menschen erfährt im Alter eine Veränderung, die häufig durch eine Zentrierung geprägt ist, d.h. Ältere reduzieren ihr Beziehungsnetz auf die ihnen wirklich wichtigen Personen. Untersuchungen konnten zeigen, dass es dabei wichtig ist, auch Beziehungen zu Gleichaltrigen zu pflegen, ja diese für die Lebenszufriedenheit oftmals sogar wichtiger sind als die Beziehungen zu den eigenen Kindern (zus. Peters 2004). Die Beziehung zu diesen kann sich dann entspannen, weil sich die Erwartungen nicht allein auf sie richten und diese sich weniger verantwortlich für die alten Eltern und damit freier fühlen können. Richtet sich eine Beratung auf Konflikte mit Kindern, sollten also immer auch andere Beziehungen gefördert werden, um Druck von der Beziehung zu den Kindern zu nehmen. Dann kann sich die Beziehung zu diesen freier entfalten und verändern, eine Veränderung, die mit den Begriffen der filialen und der parentalen Reife beschrieben werden kann, ein Konzept, dass schon in den 60er Jahren entwickelt wurde (vgl. Kazis u. Ugolini 2008). Die filiale Krise tritt ein, wenn die Kinder realisieren, dass ihre Eltern ihnen nicht mehr Halt und Orientierung sein können, sondern stattdessen der Unterstützung ihrer Kinder bedürfen. Dann entsteht ein Beziehungswandel, der im besten Falle zu filialer Reife führt. Damit ist ein bewusst vollzogener Abschied von der Kindrolle gemeint und das Entstehen der Bereitschaft, seinerseits Verantwortung für die Eltern zu übernehmen. Auf der anderen Seite setzt ein solcher Wandel aber auch die Bereitschaft der alten Eltern voraus, ihn zu akzeptieren, also ihre angestammte elterliche Rolle aufzugeben und nunmehr den Kindern mehr Verantwortung für sich zu überlassen; diese Fähigkeit wurde als parentale Reife bezeichnet. Ein solcher Beziehungswandel wird besonders dann erforderlich, wenn die Einschränkungen des Alters eintreten, wenn Entscheidungen zu treffen sind über das Wohnen im Alter, über rechtliche Vorsorge (Vorsorgevollmacht) und möglicherweise bereits über ein zu treffendes Pflegearrangement (vgl. Kap. 3.3.6).

3.2.4 Wehe dem, der jetzt keine Heimat hat – Wohnen und Umwelt

Die jungen Alten brechen noch einmal auf, die Welt zu erobern, sie sind reisefreudig und unternehmungslustig und können diese Möglichkeiten lange Zeit genießen. Doch wenn das höhere Alter näher rückt, lässt dieser Eifer nach, und nicht selten sind es Gebrechen, die dazu zwingen, so wie bei jenem über 80jährigen Mann, der mit seiner Frau große Reisen unternommen hatte, woran er nun durch verschiedene körperliche Einschränkungen gehindert wurde. Er fühlte sich in die Lage einer Schnecke versetzt, die sich nur noch im Zeitlupentempo fortbewegen könne, so gab er zu verstehen, und für seine Lage ein Bild gefunden zu haben, schien ihn ein wenig zu trösten. In einer solchen Situation mag manch einem die Zeile aus dem Gedicht *Vereinsamt* von Friedrich Nietzsche *Wehe dem, der jetzt keine Heimat hat*, in den Sinn kommen, mithin ein Ort, der an Bedeutung gewinnt, wenn sich die äußere Welt mehr und mehr verschließt.

Leben im betagten Alter spielt sich mehr und mehr zu Hause und in der nächsten Umgebung ab, die äußere Welt schrumpft allmählich zusammen. Das vertraute Dorf, das morgendliche Läuten der Kirchenglocken, der gewohnte Stadtteil, in dem jeder Straßenzug vertraut ist, jeder Weg tausendfach gegangen ist, in dem man bei jedem Gang auf Bekannte trifft, die zu einem kleinen Austausch bereit sind, um das Neueste in Erfahrung zu bringen, alles das stellt für viele Ältere einen Lebensraum dar, der unverzichtbar ist.

Frau A. befand sich in einem labilen Zustand, nachdem sie vor einigen Monaten ihren Mann verloren hatte. Sie trauerte sehr um ihn, obwohl er dominant gewesen war und sie einen schweren Stand gehabt hatte. Wenn sie beide, sie bei ihm untergehakt, durch den Ort gingen, in dem sie fast alle kannte, wurde sie freundlich gegrüßt, doch zu Gesprächen kam es kaum. Ihr Mann, höherer Beamter von Beruf, vermied es, stehen zu bleiben, und offenbar strahlte er etwas Abweisendes aus, so dass auch die anderen rasch weitergingen. Nun hatte sie allein ihre Wege zu gehen und die notwendigen Einkäufe zu tätigen. Es war ein Aspekt in der Trauerberatung, dass sie sich ihr Wohnumfeld zurückerobern und dabei ihre Kontaktfreudigkeit nutzen sollte, um dadurch wieder mehr Festigkeit zu gewinnen und Schritt für Schritt ins Leben zurückzufinden. Stolz erzählte sie bald, bei einem Einkauf achtmal stehen geblieben zu sein und ein kleines Gespräch geführt zu haben, etwas, was die Unnahbarkeit des Ehemannes zuvor verhindert hatte. Sie darin zu unterstützen und von Schuldgefühlen zu entlasten, war eine wichtige Beratungsaufgabe.

Die eigene Wohnung wird mehr zum Mittelpunkt des Lebens, und über 80jährige verbringen täglich über 20 Stunden in der eigenen Wohnung. Diese Wohnung ist meist libidinös hoch besetzt, in ihr verdichtet sich das momentane und das gelebte Leben. Alles ist vertraut, jede Bewegung tausendfach vollzogen, das Leben hat sich hier noch nicht der Kontrolle entzogen. Hier kann der Ältere ein Gefühl bewahren, dass er selbst das Leben zu steuern vermag und dieses seinem Willen gehorcht. In der gewohnten Umgebung kann sich ein Gefühl von Sicherheit und Geborgenheit entfalten, das ansonsten nur noch schwer zu finden ist. Es ist, als ob die Wohnumgebung das Gefühl einer schützenden Hülle verschafft. Zugleich hat die Wohnumgebung manches zu ersetzen, was nicht mehr ist oder nicht mehr erreichbar ist, sie gewinnt eine wachsende symbolische Bedeutung. Die Gegenstände, die sich in ihr angesammelt haben, repräsentieren diese Welt und übernehmen eine identitätsschützende und –konturierende Funktion. In Erinnerungsstücken, Möbelstücken, Souvenirs, Utensilien hat das gelebte Leben seine Spuren hinterlassen. Dieses Reservoir an persönlichen Objekten verkörpert das Abwesende und Vergangene. So bleibt eine Verbindung zu den entfernt lebenden Kindern, den Verstorbenen und zur eigenen Vergangenheit, etwa biografischen Abschnitten, die mit guten oder schlechten Erinnerungen verbunden sind. Dadurch wird ein Gefühl von Kontinuität und Zugehörigkeit geschaffen. Es scheint, als ob innen und außen, Gegenwart und Vergangenheit weniger getrennt sind als sonst, alles fließt ineinander, das Äußere repräsentiert die Innenwelt, die dadurch immer wieder bestätigt wird.

Doch dort, wo etwas besonders positiv erscheint, ist meist eine andere Seite im Verborgenen zu vermuten, und so ist zu fragen, ob nicht in der großen Wertschätzung, die Ältere meist ihrer Wohnung entgegen bringen, manchmal auch eine andere Seite abgewehrt wird. Bedenkt man, dass die Reduzierung des Lebens auf die eigenen vier Wände ja nicht freiwillig erfolgt, sondern erzwungen ist, können auch andere Gefühle vermutet werden. Diese Unfreiwilligkeit schafft Ambivalenz, und im Unbewussten mag die Wohnung auch manches Mal als etwas beengendes, das vom sozialen Leben abschneidet und zu Einsamkeit führt, ja als Gefängnis erlebt werden. Die Idealisierung der Wohnung dient dann auch der Abwehr dieser negativen Gefühle. Schließlich ist es nicht selten so, dass sich in der Wohnung auch die schwierigen Ereignisse im Leben abgespielt haben, die Dramen, die es zu bestehen galt, und auch dies schafft eine durchaus ambivalente Haltung, die zu verstehen in einem Beratungsgespräch hilfreich sein kann.

Nur wenn man sich diese Bedeutung, die die Wohnung und die nähere Wohnumgebung für ältere Menschen haben, vor Augen führt, ist zu verstehen, warum Ältere so lange als möglich an ihrer eigenen Wohnung festhalten möchten, auch wenn diese längst nicht mehr funktional und voller Gefahren ist. Das Problem liegt ja darin, dass das Haus, bzw. die Wohnung in einer Zeit geplant wurde, in der das Alter fern war, erst jetzt erweist sich, dass sie nicht nur zu groß bemessen, sondern auch voller Gefahren ist. Zahlreiche Stürze mit oft gravierenden Folgen, die in der Wohnung geschehen, belegen dies. Doch Ältere von einer rechtzeitigen Wohnraumanpassung oder auch einen Wohnungswechsel zu überzeugen, ist schwierig, selbst dann, wenn die Wohnung unzureichend ausgestattet ist. Die Befragungen zeigen eine große Zufriedenheit mit der eigenen Wohnung, und nur wenige sind bereit, vielleicht in eine altengerechte Wohnung in die Nähe der Kinder oder ins betreute Wohnen zu ziehen. Diese moderne Wohnform für Ältere belässt ihnen ein hohes Maß an Selbständigkeit, bietet jedoch gleichzeitig verschiedene Hilfs- und Betreuungsmöglichkeiten. Die Wohnungen sind zudem altengerecht gestaltet, d.h. barrierefrei und mit Notrufsignalen ausgestattet. All dies wäre auch durch Umgestaltung der eigenen Wohnung möglich, die jedoch zu selten in Betracht gezogen wird, obwohl hierfür finanzielle Zuschüsse gewährt werden. Eine Beratung kommt nicht umhin, die subjektive Bedeutungsdimension der Wohnung und der Wohnumgebung einzubeziehen.

Vielleicht wird es zukünftigen Älteren leichter fallen, sich rechtzeitig mit Wohnmöglichkeiten im Alter zu befassen und Vorsorge zu treffen, weil sie bereits über Mobilitätserfahrungen verfügen und sich leichter von ihrem gewohnten Heim trennen können. Viele der nachfolgenden Generationen sind für alternative Wohnprojekte oder generationsübergreifende Wohnformen offen. Heutige Ältere haben besondere historische Erfahrungen, die eine stärkere Bindung an Haus und Garten hervorgerufen haben, als es vielleicht zukünftig der Fall sein wird. Mit Kriegserlebnissen, Flucht und Vertreibung war häufig verbunden, die gewohnte Umgebung der Kindheit aufgeben zu müssen, oft musste sie ohne Abschied oder Erinnerungsstücke verlassen werden. Diese Verlusterfahrung hat bei vielen zu einer besonderen Bindung an ihr jetziges Heim geführt, das dadurch eine ganz besondere Wertschätzung gewonnen hatte. Jean Amery (1980) hatte unter der Überschrift *Wieviel Heimat braucht der Mensch* geschrieben: »Der Mensch braucht um so mehr Heimat, je weniger er davon in sich tragen kann« (S.80). In Folge der frühen Trennungs- und Verlusterfahrungen der heutigen Älteren tragen diese möglicherweise weniger Heimat in sich, die sie stärker auf die konkrete, täglich erfahrene Heimat angewiesen sein lässt.

3.3 Besondere Belastungen – Grenzen werden spürbar

3.3.1 Der lange Abschied – Belastungen durch Pflegeaufgaben

Der amerikanische Schriftsteller Jonathan Franzen (2010) hat in einem Essay die schleichende Entwicklung der Demenz seines Vaters geschildert. Erst spät, nach dem Tod des Vaters, ist er zu einem selbstkritischen Rückblick fähig, kann er sein Widerstreben benennen, das Wort ›Alzheimer‹ auf den eigenen Vater anzuwenden, selbst da, wo die Zeichen kaum mehr zu übersehen waren. Erst jetzt kann er Irrtümer wie etwa den eingestehen, aus befremdlichen Beobachtungen alle möglichen neuen Erkenntnisse über die Ehe der Eltern abgeleitet zu haben, wenn etwa der Vater seine Frau mit seiner Mutter verwechselte. Die von einer Demenz ausgehende Bedrohung setzte einen lange Zeit kaum zu erschütternden Verleugnungsprozess in Gang.

Die Anzahl Pflegebedürftiger wird in den nächsten Jahren aufgrund der demografischen Entwicklung dramatisch ansteigen, und nach wie vor werden ca. 70% der Pflegebedürftigen von Angehörigen zu Hause gepflegt. Pflegende Angehörige gehören zur Hochrisikogruppe für die Entwicklung körperlicher oder psychischer Erkrankungen; die Prävalenzraten sind doppelt so hoch wie in der Normalbevölkerung. Die mit der Pflege einhergehende körperliche Belastung wie die oft gestörte Nachtruhe, aber auch die notwendige zeitliche Präsenz sowie vor allem die resultierende psychische Belastung und die Konflikte bilden ein Bündel an Belastungen, das mit Verlauf der Pflegebedürftigkeit in der Regel immer schwerer zu tragen ist.

Anfangs führen zumeist positive Motive zur Übernahme der Pflegeaufgabe wie die Verbundenheit mit dem Betroffenen, die gewachsene Loyalität und das Versprechen, auch in schweren Zeiten zusammen zu stehen, oder bei erwachsenen Kindern der Wunsch, etwas zurückzugeben, was man selbst zuvor bekommen hat. Dabei kommt es durchaus auch zu positiven Erfahrungen, v.a. dann, wenn angesichts der sich auflösenden Ich-Kontrolle gute innere Bilder die Oberhand gewinnen, die den Kranken freundlich stimmen und den Umgang mit ihm erleichtern. Inge Jens (2009), die Ehefrau des großen Intellektuellen, im Alter an einer Demenz erkrankten Walter Jens schrieb, dass dieser Tiere nie gemocht habe, aber jetzt ein großes Interesse an ihnen erwacht sei. Dabei zeige er eine manchmal kindliche Freude, die mit ihm zu teilen eine neue, bereichernde Erfahrung bedeute und für Augenblicke das Leid vergessen lassen.

Die 60jährige Frau C. war ledig und hatte zeitlebens eine enge Beziehung zu ihrer Mutter aufrecht erhalten. Als diese dement wurde, blieb ihr aufgrund der eigenen Berufstätigkeit bald keine andere Wahl, als die Mutter ins Pflegeheim zu geben. Sie ging jeden Tag zu ihr, versorgte sie, führte die Pflegemaßnahmen größtenteils selbst durch, so dass das Pflegepersonal sie bald wie eine Kollegin mit den Worten begrüßte: ›Na, treten sie ihren Dienst an‹? Sie verbrachte viel Zeit mit der Mutter, sie sangen gemeinsam Kinderlieder, und es schien, dass sie immer mehr in eine Regression gezogen wurde, die bald zur Symbiose wurde und die Grenzen der Personen auflöste. Frau C. hatte diesen Zustand keineswegs nur als Belastung, sondern auch als Bereicherung erlebt, doch nach dem Tod der Mutter verfiel sie ein eine tiefe Depression.

Die der Pflegesituation inhärente Tendenz zur Regression kann Angehörige auch in einen Erfahrungsprozess hineinziehen, der sie mit der eigenen Geschichte konfrontiert, vielleicht bislang unverständlich gebliebene Erlebnisse näher bringt, wenn jetzt Familiengeheimnisse gelüftet werden, die die Familie auf bisher geheimnisvolle Art und Weise mit geprägt hatten. Manchmal sind es alte traumatische Erlebnisse, die wieder hochgespült werden und von denen Angehörige vielleicht erstmals erfahren und die vielleicht auch sie nicht unbeeinflusst gelassen haben. Traumatische Kriegs- oder Fluchterlebnisse wirken auch in der zweiten Generation nach, und manchmal werden die Zusammenhänge erst jetzt erhellt. Die französische Psychoanalytikerin Lydia Flem (2004) hat beschrieben, wie sie nach dem Tod der Mutter deren Haus leer räumte und in dieser Situation einem Aufruhr der Gefühle ausgesetzt war. Sie beschreibt, wie zu der Trauer, die von jedem zu entsorgenden Gegenstand ausgelöst wurde, Ängste kamen sowie Schuldgefühle, weil sie sich Zugang zu Orten verschaffte, die von Geburt an verschlossen geblieben waren. Sie beschreibt, wie sie sich als schamlos erlebte, in Bereiche vorzudringen, die höchst privat waren, und wie sie schließlich auf die Geschichte stieß, die zur Verhaftung und Deportation der Mutter nach Auschwitz geführt hatte. All das hatte sie geahnt, aber nicht gewusst, und plötzlich erschloss sich ihr ein neuer Zugang zu ihrer Mutter, obwohl diese nicht mehr da war. Es kann also ein intensiver Erfahrungsprozess ausgelöst werden, der zu den physischen und psychischen Belastungen, die die Pflegesituation selbst hervorruft, hinzukommt und der dann auch von den Angehörigen verarbeitet werden muss; auch dabei kann eine beraterische Begleitung hilfreich sein.

Oft werden anfängliche Motive wenig reflektiert, entweder weil die Situation abrupt eintritt und kaum Zeit besteht, sich über die eigenen Beweggründe Rechenschaft abzulegen, oder weil unbewusste Motive ausschlaggebend sind, die nicht ausreichend bedacht werden. In einem Beratungsgespräch sollte also noch einmal rückblickend gefragt werden: Was hat zur Übernahme der Pflege geführt, wie ist die Entscheidung verlaufen, war sie überlegt oder ist sie aus der Not der Situation heraus entstanden, war es eine freiwillige, reflektierte Entscheidung, oder erfolgte die Übernahme der Pflege aus einem inneren Druck heraus, vielleicht aus der Verpflichtung, Vater und Mutter zu ehren, so wie es in der christlich-jüdischen Tradition schon vom Alten Testament bis zu den Zehn Geboten vorgeschrieben wird. Ging dieser Druck vielleicht – unausgesprochen – von der Familie aus, handelte es sich um eine unbewusste Delegation der Familie, die vielleicht aus der Stellung in der Geschwisterreihe oder aus der besonderen Beziehung zum Pflegebedürftigen resultiert? Es ist also ein

Bündel von Fragen, die geklärt werden sollten, um die Hintergründe des Pflegearrangements ausreichend verstehen zu können. Dabei treten häufig äußerst prekäre Konstellationen zu Tage (Gröning et al. 2004). So sind es keineswegs immer die geliebten Kinder, die Pflegeaufgaben übernehmen, oft sind es gerade die ungeliebten, benachteiligten Kinder, die am Rande standen und nun auf Wiedergutmachung hoffen. So kann etwa die pflegende Tochter die Hoffnung hegen, jetzt die Anerkennung vom zu pflegenden Elternteil zu erfahren, die früher so oft ausgeblieben war. Wird diese Hoffnung enttäuscht, ist das Pflegearrangement rasch gefährdet.

Eine solche Enttäuschungsreaktion trat auch bei Frau G. ein, deren Ehe bereits vor Jahren gescheitert war, die ohne Beruf da stand und selbst bereits in einem höheren Alter und von Krankheiten geplagt, zu der pflegebedürftigen Mutter zurückgekehrt war. Von dieser hatte sie sich zeitlebens abgelehnt gefühlt, immer war der Bruder vorgezogen worden. Doch die Hoffnung, die Mutter könne ihr jetzt mehr Zuneigung entgegenbringen, wurde rasch enttäuscht. Anspruchsvoll, abweisend, barsch machte sie der Tochter das Leben schwer, es kam zu heftigen Auseinandersetzungen, die bis zu Handgreiflichkeiten reichten. Dennoch machten es bestehende Schuldgefühle schwer, die unumgängliche Trennung herbeizuführen. Erst nach einem längeren Beratungsprozess wurde eine Heimunterbringung möglich, und in der Distanz kehrt etwas mehr Ruhe ein, so dass nun zwar kein herzlicher, aber doch respektvoller Umgang miteinander möglich wurde.

Die Pflegesituation entwickelt im Laufe der Zeit eine Eigendynamik, die von den Beteiligten kaum noch zu übersehen ist. Die Abgrenzung fällt immer schwerer und die Belastung steigt stetig an, insbesondere dann, wenn sich in der Regression der Demenz Eigenarten der Persönlichkeit des Kranken zuspitzen und in seinem Innern verfolgende Objekte die Oberhand gewinnen, die den Kranken feindselig und paranoid stimmen. Seine Persönlichkeit verändert sich zusehends, und der Kranke legt Verhaltensweisen an den Tag, die den pflegenden Angehörigen vor große Probleme stellen und die rasch zu heftigen Spannungen führen können. Plötzlich entwickelt der Kranke ein großes Misstrauen, ja Feindseligkeit, er wird laut und beschimpft andere, ein Verhalten, das zu Ratlosigkeit, aber oft genug auch zu Wut bei den Pflegenden führt. Diese entlädt sich nicht selten in aggressiven Äußerungen oder gewaltsamen Handlungen, einem besonders schwierigen Thema im Zusammenhang mit häuslicher Pflege. Bei dem einleitend geschilderten Fall von Frau Busch war zwar keine Gewalt im Spiel, doch ihre Enttäuschung, nicht die erhoffte, jugendliche Liebe gefunden zu haben, war ebenso deutlich spürbar wie der heimliche Wunsch, ihn abzuschieben – ein Gefühl, das erlaubt sein muss.

Um eine Pflegesituation körperlich und psychisch bewältigen zu können, ist eine erhebliche persönliche Stabilität erforderlich. Viele Pflegende sind selbst bereits in einem höheren Lebensalter und mit eigenen Problemen konfrontiert. Umso wichtiger wird es für sie, nicht nur aus Altruismus heraus zu handeln. Um die notwendige psychische Stabilität zu beschreiben, die erwachsene Kinder aufbringen sollten, wurde das Konzept der filialen Reife von Bruder (1988) auf die Pflegesituation übertragen. Danach sollten drei Voraussetzungen gegeben sein, um eine Pflegeaufgabe bewältigen zu können: Erstens sollten die Kinder selbständig geworden sein und eine innere Unabhängigkeit erreicht haben, die Grundlage einer freiwilligen Wiederannäherung ist, da emotional abhängige und unselbständig Pflegende ein besonders ausgeprägtes Belastungserleben aufweisen. Zweitens sollte der Pflegende über die Fähigkeit zu fürsorglich-grenzziehendem Pflegeverhalten verfügen, und drittens über die Fähigkeit, Schuldgefühle, die mit jeder Pflegesituation verbunden sind, zu begrenzen. Diese Fähigkeiten können in Beratungsgesprächen gefördert werden.

Im fortschreitenden Prozess der Erkrankung entfernt sich der Demenzkranke immer weiter, zieht sich immer mehr in seine eigene Welt zurück, in der er kaum noch zu erreichen ist. Die Person, mit der man Jahre seines Lebens verbracht, die man geliebt hat, mit der man sich auseinandergesetzt hat und die einem in jeder Hinsicht vertraut war, ist kaum mehr wiederzuerkennen, obwohl sie körperlich anwesend ist. Diese Veränderung kann als ambivalenter Verlust beschrieben werden (Boss 2000). Die Person ist noch da, aber auf der anderen Seite auch nicht. Das aber schafft höchst widersprüchliche Gefühle, ein hin- und her gerissen Sein, das für den pflegenden Angehörigen schwierig auszuhalten ist. Gesprächsgruppen für pflegende Angehörige können dann besonders hilfreich sein, um den Trauerprozess zu unterstützen, wobei Schuldgefühle immer eine erhebliche Rolle spielen. Diese werden besonders dann spürbar, wenn es um die Frage geht, ob der Elternteil oder der Ehepartner ins Pflegeheim gegeben werden soll, ein Schritt, der gerade bei Demenzerkrankungen irgendwann ansteht; die wenigsten Demenzkranken werden bis zum Ende zu Hause gepflegt. Und wenn der Kranke stirbt, ist ein Teil des Abschiedes schon vollzogen, ein anderer folgt noch, der noch einmal spürbar wird, wenn beispielsweise das Haus der Eltern leer geräumt werden muss.

3.3.2 Wenn der Schrecken wiederkehrt – frühe Traumata

Der Schriftsteller Uwe Timm beschreibt in dem 2003 erschienen Buch mit dem Titel *Am Beispiel meines Bruders* die Geschichte seines älteren Bruders, der mit 18 Jahren freiwillig zur SS gegangen war und an die Front nach Russland versetzt wurde. Von dort aus hatte er regelmäßig Briefe an die Mutter geschrieben, die aufhörten, als er bei einem Bombenangriff schwer verletzt wurde, ein Bein verlor und einige Zeit darauf im Lazarett verstarb. In seinen Träumen tauchte der Bruder immer wieder auf, Träume, die nach einem halben Jahrhundert immer drängender wurden. Doch erst als die Mutter verstarb und er selbst bereits das 60ste Lebensjahr überschritten hatte, fühlte er sich in der Lage, die Briefe des Bruders, die zusammengeschnürt auf dem Dachboden lagen, zur Hand zu nehmen und zu lesen, um darüber ein Buch zu schreiben. Was

Besondere Belastungen – Grenzen werden spürbar

war geschehen? Offenbar drängte es ihn mit zunehmendem Alter, sich Klarheit zu verschaffen über einen wichtigen Teil der Familiengeschichte und der eigenen Biografie, aber erst als die Mutter verstorben war, fühlte er sich frei genug, sich dieser Aufgabe zu widmen. Bis dahin unterlagen die Briefe einem unausgesprochenen Tabu, das zu brechen er sich nicht erlaubt hatte. Tatsächlich offenbarten die Briefe Unfassbares, wenn beispielsweise der 18jährige Bruder schrieb, wie sie an einem Sonntagnachmittag aus lauter Langeweile ihr Gewehr auf ein paar Russen richteten, die sich in Sichtweite an einer Brücke aufhielten, und auf sie schossen. Diese Wahrheit über den Bruder aufzudecken hätte das Bild, das seit seinem Tod in der Familie gepflegt wurde, zutiefst erschüttert und die Gefühle der Mutter verletzt. Die Generation der Täter, die für die Gräueltaten des Nationalsozialismus verantwortlich waren, ist längst abgetreten, damit aber auch die Generation derer, deren Geheimnisse bewahrt werden mussten. Erst in der heutigen Zeit, mehr als ein halbes Jahrhundert nach den Verbrechen der nationalsozialistischen Zeit, hat sich eine Kultur der Aufarbeitung entwickelt, ist eine rege wissenschaftliche und journalistische Aktivität zu beobachten, die sich um das Verstehen dessen, was geschehen ist, bemüht. Ein wichtiger Grund dafür ist auch das Älterwerden derer, die wie Uwe Timm diese Zeit als Kinder und Jugendliche erlebt und erlitten haben, und die nun, in höherem Alter, von diesen Ereignissen wieder eingeholt werden. Vielfach kommen dabei auch eigene erlittene Traumata wieder zum Vorschein.

Frau W., 74 Jahre alt, kam nach einem Klinikaufenthalt, der erforderlich war, weil sie stark an Gewicht verloren hatte, in die Beratung. Man hatte nichts gefunden, was der Gewichtsabnahme hätte zugrunde liegen können. Zwar hatte Frau W. wieder etwas zugenommen, doch ihr Zustand hatte sich nicht grundlegend gebessert. Sie war weiterhin voller Unruhe, wirkte wie angetrieben, fand auch nachts kaum Schlaf, und auch die Magenbeschwerden hatten sich nicht gelegt. Bald stellte sich heraus, dass es innere Bilder waren, sogenannte flash backs, die sie nicht zur Ruhe kommen ließen. In diesen Bildern kehrte der Schrecken der Flucht aus Ostpreußen wieder, bei der sie nicht nur unerträglichen Hunger kennen gelernt, sondern auch ihre Mutter verloren hatte. Diese stand dann nicht mehr zur Verfügung, um ihr bei der Verarbeitung der schrecklichen Erlebnisse zur Seite zu stehen. Bei der Konfrontation mit traumatischen Ereignissen ist eine solche Begleitung aber maßgeblich dafür, ob sie verarbeitet werden können oder aber sich unverarbeitet im Innern ablagern. Da der Vater bereits im Krieg gefallen war, wuchs Frau W. im Westen bei Verwandten auf. Die schrecklichen Erinnerungen hatten in ihr Spuren hinterlassen, auch wenn diese lange Zeit nicht spürbar gewesen waren. Sie hatte einen Mann geheiratet, der wie ein Fels in der Brandung wirkte und ihr ausreichend Halt im Leben gegeben hatte, um das Geschehene verschlossen in sich aufzubewahren zu können. Ihr Mann hatte zum Zeitpunkt der Gewichtsabnahme mit einer lebensbedrohlichen Erkrankung im Krankenhaus gelegen, und sie hatte große Angst um ihn gehabt. Damit drohte das Lebensgefüge zu zerbrechen, das ihr zeitlebens Halt gegeben hatte.

Traumata sind schwere psychische Erschütterungen, die die Verarbeitungsmöglichkeiten des Ichs überfordern. Langfristig negative Folgen für den Betroffenen sind von unterschiedlichen Faktoren abhängig, besonders davon, ob die Möglichkeit gegeben ist, in einem beschützten Rahmen das Erlebte zu verarbeiten. Doch besonders Kinder und Jugendliche blieben in der Nachkriegszeit meist mit ihren Erlebnissen allein, so wie auch in der Familie Uwe Timms nicht über das gesprochen wurde, was den Bruder bewegt hatte, sich zur SS zu melden und was er in seinen Briefen über den Fronteinsatz zu berichten wusste. Es wurde verschwiegen, um das Bild des Bruders, dass die Eltern aufrechterhielten, nicht zu beschädigen. In vielen Familien überdeckte das Schweigen die Verzweiflung, die innere Verstörung und die verfolgenden inneren Bilder. Traumata aber, die nicht verarbeitet werden können, werden innerlich abgekapselt und bestehen fort, auch dann, wenn sich nach außen hin eine Normalität darüber legt, so wie es auch bei der geschilderten Klientin der Fall war. Radebold (2006) schätzt, dass 25–30% derer, die die Zeit des Nationalsozialismus als Kinder oder Jugendliche erlebt haben, schwere traumatische Schäden davon getragen haben, weitere 25–30% partiell und die restlichen 35–40% nur am Rande von dem Kriegsgeschehen betroffen waren. Die beschädigenden, belastenden bis traumatischen Erlebnisse waren unterschiedlicher Art: Das Erlebnis von Bombenangriffen oder Ausbombung, längerfristige Vaterabwesenheit oder –verlust, auch Verluste anderer nahestehender Personen, Misshandlungen und Gewalttaten, denen sie selbst ausgesetzt waren oder die sie miterleben mussten, sowie Hunger, Kälte und tiefe Not. Trennungen waren an der Tagesordnung, Familien wurden auseinander gerissen und Kinder verloren die beschützende Fürsorge, auf die sie in dieser Zeit besonders angewiesen gewesen wären. Hinzu kommen die damals ca. 12 Millionen Vertriebenen, die ihre Heimat und Hab und Gut verloren und auf ihrer Flucht mehrfachen Traumata ausgesetzt waren. Schließlich ist auch an die KZ-Überlebenden zu denken, deren Anzahl zwar hierzulande gering ist, die aber schlimmsten Traumata ausgesetzt waren, die ein normales Leben in besonderer Weise erschwert haben (zus. Zank et al. 2009).

Es handelt sich also um eine große Personengruppe, die sich heute in einem höheren Lebensalter befindet und die sich jetzt, nach mehr als 60 Jahren, erneut mit diesen frühen Erfahrungen konfrontiert sieht. Untersuchungen belegen die langfristigen negativen Folgen eindeutig: Von denen, die Flucht und Vertreibung erlebt haben, weisen noch heute 5% eine vollständige Posttraumatische Belastungsstörung auf, was bedeutet, dass sie unkontrollierbaren Erregungszuständen und bedrängenden inneren Bildern, sogenannten Flash backs, ausgesetzt sind; weitere 30% weisen einzelne Symptome dieser Störung auf. Sie befinden sich in einer eindeutig schlechteren körperlichen Verfassung und legen eine schlechtere psychische Funktionsfähigkeit an den Tag als Nicht-

Vertriebene (Teegen u. Meister 2000, zus. Radebold 2006). In ähnlicher Weise sind auch jene, die Bombenangriffe unmittelbar erlebten, beeinträchtigt. Sie weisen eine doppelt so hohe Anzahl an Panikstörungen auf und verfügen über eine deutlich geringere Lebensqualität. Die Folgen zeigen sich also nicht immer in einer posttraumatischen Belastungsstörung, sondern können sich auch in anderen Störungsbildern niederschlagen, etwa in Angstzuständen, Depressionen, Schmerzuständen oder auch Psychosen, deren Anzahl ebenfalls bei von Ausbombung Betroffenen höher ist.

Viele derer, die zu der beschriebenen Personengruppe gehören, haben ihr Leben in scheinbarer Normalität führen können, es ist ihnen gelungen, das Erlebte so weit zu verdrängen und abzukapseln, dass es einer weitgehend normalen Lebensführung nicht im Wege stand. Allerdings ist eine solche Verdrängung oft auch nicht vollständig gelungen, und es blieb ein sogenanntes Brückesymptom bestehen, ein Symptom, dass die Verbindung zum Erlebten auf einer unbewussten Ebene fortbestehen lässt. Auch Frau W. war immer schlank, ja leicht untergewichtig gewesen, und dieser Umstand stellte gewissermaßen eine solche Brücke her zu dem damaligen Hunger, den Entbehrungen und der jetzigen Gewichtsabnahme. Probleme mit dem Körpergewicht bilden ein ›Brückesymptom‹, dessen Bedeutung sich allerdings während ihres Klinikaufenthaltes nicht erschlossen hatte, sondern erst, als ihre Biografie zur Sprache kam und die lebensgeschichtlichen Zusammenhänge sichtbar werden konnten. Dennoch hatte ja auch Frau W. lange Zeit ein normales Leben geführt, und die Stabilität, die ihr Mann ihr gegeben hatte, spielte dabei eine nicht unerhebliche Rolle. Dieser äußere Halt war nun bedroht gewesen und die Abwehr reichte nicht mehr aus, die frühen Schrecken fern zu halten. Eine solche Schwächung der äußeren Abwehr tritt aber häufig im Alter ein: Die Aufgabe der Arbeit, der Verlust des Partners oder eine nachlassende Gesundheit schwächen die Widerstandskräfte, so dass lange zurück liegende Traumata mit all ihren Schrecken und ihrer fatalen Wirkung wieder aufbrechen können, ein Vorgang, der als Trauma-Reaktivierung bezeichnet wird (Heuft et al. 2006). Besonders betroffen sind auch körperlich oder kognitiv eingeschränkte Ältere in Kliniken oder Pflegeheimen. Sie erfahren erneut Ausgeliefertsein und Ohnmacht, Gefühle mithin, denen sie auch in der damaligen Situation ausgesetzt waren. Auch manche unverständlichen Verhaltensweisen Pflegebedürftiger und Demenzkranker – etwa nächtliches Schreien oder paranoide Ängste – können mit den damaligen Erlebnissen in Zusammenhang gebracht werden.

Für Beratungsgespräche sind Kenntnisse der beschriebenen Zusammenhänge und der historischen Hintergründe von grundlegender Bedeutung (Radebold 2006), will man die Bedrängnisse und Nöte der älteren Menschen angemessen verstehen und einordnen, nur dann kann eine angebotene Hilfe auf fruchtbaren Boden fallen. Nicht alle Älteren allerdings mögen über diese Zusammenhänge sprechen, weil sie fürchten, dadurch zu sehr belastet zu werden, was immer respektiert werden sollte. Viele allerdings erleben es nicht nur als Belastung, sondern vor allem als erleichternd, endlich eine Möglichkeit gefunden zu haben, das bisher Verschwiegene zur Sprache bringen zu können. Es drängt sie, ähnlich wie Uwe Timm, ihre eigene Geschichte besser zu verstehen, die damaligen Erlebnisse vielleicht in eine kohärente Geschichte einordnen und ihnen dadurch einen Teil ihres Schreckens nehmen zu können. Es besteht die Chance, dass in ihnen etwas seinen Abschluss findet und zur Ruhe kommt. Ein solches Gesprächsangebot zu unterbreiten, Offenheit dafür zu signalisieren, so dass der Ältere selbst entscheiden kann, ob er die Gesprächsmöglichkeit ergreift oder nicht, sollte in einem Beratungskontext selbstverständlich sein. Auch kann eine Möglichkeit darin bestehen, dass Lebensberatungsstellen oder Familienbildungsstätten Gesprächskreise zu diesen Themen anbieten, eine Möglichkeit allerdings, die bisher selten genutzt wird.

3.3.3 Wenn die Seele Hilfe braucht – Psychische Störungen

Unser traditionelles Bild vom Alter, in dem Ältere dunkel gekleidet sind, uns in gebeugter, etwas demütiger Haltung begegnen und eher anspruchslos und zurückgezogen erscheinen, ließ kaum eine andere Schlussfolgerung zu als die, dass eine bedrückte, niedergeschlagene Stimmungslage zum normalen Bild des Alters gehört. Eine Depression erscheint dann nicht mehr als Krankheit, sondern als eine zum Alter dazu gehörende Begleiterscheinung, was auch der Begriff der Involutionsdepression ausgedrückte; dieser führte Depressionen auf den biologischen Rückbildungsprozess des Alters zurück. Obwohl der Begriff der Involutionsdepression aus der Fachliteratur verschwunden ist, hat sich die Auffassung, Alter und Depression hingen unmittelbar zusammen, keineswegs aufgelöst, was dazu führt, dass Depressionen in vielen Fällen nicht diagnostiziert und somit auch nicht behandelt wird. Gleiches gilt allerdings auch für zahlreiche andere psychische Erkrankungen im Alter. Umso wichtiger ist es, diese Erkrankungen nicht als altersbedingt anzusehen, sondern als Ausdruck ungelöster Konflikte und nicht verarbeiteter Belastungen.

Um allerdings eine psychische Erkrankung im Alter erkennen zu können, sind Kenntnisse darüber wichtig, wie sich ihre Erscheinungsbilder verändern. So zeigen sich Depressionen bei Älteren häufiger in Form körperlicher Symptome, die keine organische Ursache haben, also sogenannter funktioneller Beschwerden. Ebenso häufig sind Klagen über Gedächtniseinbussen, weshalb eine Depression nicht immer leicht von einer Demenz zu unterscheiden ist. Häufig unterschätzt werden Angststörungen, die ebenso häufig zusammen mit einer Depression auftreten. Zwar sind Panikstörungen, d.h. Angstzustände, die anfallsartig mit starken körperlichen Begleiterscheinungen auftreten, seltener, sehr viel häufiger sind hingegen sogenannte generalisierte Angststörungen. Bei diesen steht das sorgenvolle Grübeln im Vordergrund, oft verbunden mit großer innerer Unruhe. Manchmal fehlt auch das Grübeln, und der Patient ist nur von einer ständigen

Unruhe getrieben. Phobien treten ähnlich häufig auf wie in jüngeren Jahren. Wenn Ältere sich nach Verlusten oder Erkrankungen zurückziehen, entwickelt sich daraus rasch ein ängstliches Vermeidungsverhalten, dass oft fälschlicherweise als ein im Alter normaler Rückzug fehlgedeutet wird. Aber auch dabei handelt es sich um eine behandlungsbedürftige Erkrankung. Auch zahlreiche andere Störungen sind im Alter oft schwierig zu erkennen und wurden in der Vergangenheit eher unterschätzt, beispielsweise Persönlichkeitsstörungen. Kaum beachtet wurden in der Vergangenheit Traumafolgestörungen, v.a. Posttraumatische Belastungsstörungen. Manche tiefgreifenden Einschnitte im Alter, auch schwerwiegende Verluste, können eine Posttraumatische Belastungsstörung zur Folge haben (Heuft et al. 2006).

Psychische Erkrankungen sollen von Psychotherapeuten oder, bzw. und von Psychiatern behandelt werden. Warum aber sollte auch ein Berater über entsprechende Grundkenntnisse verfügen? Ältere finden häufig nicht allein den Weg in eine fachärztliche oder fachpsychotherapeutische Behandlung (vgl. Kap. 5.1.2), so dass eine zusätzliche Motivationshilfe notwendig ist. Dies aber kann Aufgabe eines Beraters sein, so wie bei Frau N.

So hatte die 72jährige Frau N. mehrfach Kontakt mit einer Beratungsstelle, wo deutlich wurde, dass offensichtlich eine längerfristige psychotherapeutische Unterstützung erforderlich war. Ältere haben jedoch häufig Schwellenängste, und es ist eine Unterstützung erforderlich, damit sie Kontakt zu einem Psychotherapeuten aufnehmen. Die Beraterin kündigte die Patientin dem Psychotherapeuten in einem Telefonat an, doch dieser wartete vergebens auf einen Anruf der Patientin. In einem späteren Telefonat mit der Beraterin kamen sie erneut auf diese Klientin zu sprechen. Daraufhin kündigte die Beraterin an, bei ihr telefonisch nachzufragen. Eine Stunde später bat dann die Patientin telefonisch um einen Termin. Es hatte also der erneuten Ermunterung durch die Beraterin, zu der bereits ein Vertrauensverhältnis bestand, bedurft, diesen Schritt zu tun.

Besondere Schwierigkeiten, mit altersbedingten Einschränkungen zurecht zu kommen, bestehen bei chronischen psychischen Erkrankungen, die oft von Kindheit an bestehen. Manchmal ist es den Betroffenen im Leben gelungen, über längere Zeiten Stabilität zu erreichen, beispielsweise dann, wenn die äußeren Aufgaben in Beruf und Familie eine Anbindung an die Realität herstellten und zumindest vorübergehend für mehr Festigkeit sorgten. Im Alter, wenn diese äußeren stabilisierenden Faktoren entfallen, bricht oft die chronische Erkrankung wieder aus.

Die 65jährige Patientin war mehrfach in der Psychiatrie behandelt worden. Sie wirkte vernachlässigt, trug einen unvorteilhaften Haarschnitt und einfache Kleidung, ihr Äußeres machte sichtbar, dass sie eher am Rande der Gesellschaft lebte. Sie hatte immer Probleme gehabt, mit ihrem Leben zurecht zu kommen, Alkohol hatte eine nicht unerhebliche Rolle gespielt. Doch dann hatte sie einen Mann geheiratet, der auch trank, und gemeinsam schafften sie es, vom Alkohol wegzukommen. Dennoch war die Ehe voller Spannungen gewesen, und häufiger kam es auch zu handfesten Auseinandersetzungen. Vor einiger Zeit war der Ehemann verstorben, und seitdem bekam sie ihr Leben kaum noch in den Griff, sie konnte nicht allein sein und litt unter schwer zu kontrollierenden Angstzuständen, verbunden mit paranoiden Vorstellungen. Zweifellos litt die Patientin an einer lebenslang bestehenden schweren Persönlichkeitsstörung, und es war offensichtlich, dass sie jetzt im Alter kaum in der Lage sein würde, ohne äußere Hilfe zurecht zu kommen.

Die gerade geschilderte Klientin war nach einem erneuten Klinikaufenthalt auf eine dauerhafte Betreuung in Form eines niederschwelligen Angebotes angewiesen. Eine eher ›lockere‹ Anbindung an eine Einrichtung, in der Gespräche möglich sind, aber vielleicht auch die Einbindung in eine Gruppe, kann in einem solchen Fall den nötigen äußeren Halt verschaffen. Auch kirchliche Angebote können in einer solchen

Situation dazu beitragen, einen unterstützenden äußeren Rahmen zu schaffen.

Zweifellos zählen Demenzen zu den schwersten psychischen Erkrankungen überhaupt. Sie weisen eine eindeutige Altersabhängigkeit auf, von den über 90jährigen sind ca. 40% dement. Eine Demenz beginnt mit Störungen des Gedächtnisses, die sich bald auf andere kognitive Bereiche ausweiten und die Alltagsbewältigung einschränken. Im Verlauf treten dann sich verstärkende Persönlichkeitsveränderungen hinzu, die schließlich in einen Zerfall der Persönlichkeit münden, und am Ende wird auch die Motorik erfasst. Worin könnte nun die Bedeutung von Beratung im Falle einer demenziellen Erkrankung bestehen? Eine Demenz gehört zweifellos in die Behandlung eines Psychiaters, doch gerade darin liegt ein Problem, denn Ältere sind trotz des starken Anstiegs demenzieller Erkrankungen in der psychiatrischen Praxis unterrepräsentiert. Sie werden häufig beim Hausarzt behandelt, bzw. dort erst gar nicht diagnostiziert. Immer noch ist die Auffassung anzutreffen, dass ohnehin keine sinnvollen Behandlungsmöglichkeiten zur Verfügung stehen. Häufig wird die Erkrankung aber auch nicht erkannt, weil die Betroffenen erst gar nicht vorstellig werden oder die Symptome nicht schildern, weil gerade Demente ihre Defizite lange Zeit verleugnen. Auch hier kann es Aufgabe von Beratung sein, gewissermaßen als ›Frühsensorium‹ zu funktionieren, um entsprechende Entwicklungen zu erkennen und die Weichen frühzeitig in die richtige Richtung zu stellen, denn das ist bei einer Demenz aus vielerlei Gründen wünschenswert. Demenzielle Symptome machen nicht nur dem Betroffenen in der Regel große Angst, sondern beunruhigen auch die Angehörigen und werden von diesen häufig falsch gedeutet. Absonderlichkeiten, die ihnen auffallen, richtig einordnen zu können, kann aber zu einer Entspannung der Situation beitragen. Wird die Erkrankung frühzeitig diagnostiziert, können weitere wichtige Weichenstellungen erfolgen. So kann eine Vorsorgevollmacht verfügt werden, die zukünftige Betreuung und Pflege können geplant, Erbschaftsfragen geregelt werden und anderes mehr, und das alles zu einem Zeitpunkt, zu dem der Betroffene selbst noch zumindest partiell einbezogen werden kann. Gerade zu einem frühen Zeitpunkt aber stehen auch Behandlungsmaßnahmen zur Verfügung, die die Erkrankung zwar nicht heilen, wohl aber deren Fortschreiten verlangsamen können. Ein Berater kann hier punktuell eingreifen und die notwendigen Weichenstellungen unterstützen, v.a. auch, die Spezialeinrichtungen in Anspruch zu nehmen, die zur Abklärung und Behandlung von Demenzen zur Verfügung stehen, so etwa Gedächtnissprechstunden, wie sie viele psychiatrische Kliniken anbieten, oder spezielle Beratungsstellen, bzw. Pflegestützpunkte, die konkrete Hilfestellungen leisten können (Peters 2006).

3.3.4 Die dunkle Seite des Alters – Verlust und Trauer

Die Journalistin und Schriftstellerin Joan Didion (2005) hat in einem Buch beschrieben, was sie im Jahr nach dem plötzlichen Herztod ihres Mannes, mit dem sie 40 Jahre lang glücklich verheiratet gewesen war, erlebte. In beeindruckender Weise schildert sie ihr Erleben, ihre Gefühle und Gedanken, die oft nicht der Vernunft gehorchen wollten, und wie sie ein Jahr erlebte, wie sie es sich nicht hatte vorstellen können. Die anfängliche Sorge, die Beerdigung sei das Schlimmste, hatte sich beispielsweise nicht bewahrheitet, vielmehr sieht sie darin im nachhinein eine Art schmerzstillende, narkotische Regression, wo man in der Fürsorge anderer und in der Schwere und Bedeutung des Anlasses aufgehoben sei. Der eigentliche Schmerz beginne erst danach, eine Trauer, die sie als kognitive Veränderung beschreibt, weil sie sich selbst als fremd und verändert erlebte, ein Prozess, in dem sie darum ringt, dem Geschehen einen Sinn abzugewinnen, es einzuordnen und zu verstehen, ein Prozess aber auch, der nicht allein auf die verstorbene Person beschränkt bleibt, sondern auch die eigene Person einbezieht. Sie schreibt: »Wenn wir um das trauern, was wir verloren haben, trauern wir auch um uns selbst. Um uns, wie wir waren. Um uns, wie wir nicht länger sind. Um uns, wie wir eines Tages gar nicht mehr sein werden«. (220).

Der Tod eines nahestehenden Menschen stellt eine besonders schmerzliche Erfahrung im Älterwerden dar. Zwar kann ein solcher Verlust auch in jüngeren Jahren eintreten, doch die Wahrscheinlichkeit ist im Alter sehr viel höher, und die Möglichkeiten, den Verlust zu kompensieren, geringer. Das Versterben der betagten Eltern ist ein erwarteter Tod, der i.d.R. bald verarbeitet werden kann, obwohl es ein einschneidender Verlust auch deshalb ist, weil er den Rest eines kindlichen Schutzgefühls beseitigt, welches die eigenen Eltern zeitlebens durch ihre Existenz vermittelt haben, weil sie aufgrund ihres Alters dem Tod näher sind als man selbst. Viele Alternde erleben das Wegsterben der Gleichaltrigen, mit denen sie eine gemeinsame Erfahrungswelt teilen konnten, als besonders bittere Erfahrung des Älterwerdens. Die zuvor so bevölkerte Lebenswelt wird leerer, sie wird oft in der Symbolwelt der eigenen Wohnung aufgehoben, die mit Erinnerungsstücken und Fotos angefüllt ist. Besonders belastend aber ist der Tod des Ehepartners, mit dem man Jahrzehnte zusammen verbracht hat. Viele ältere Ehepaare haben eine gemeinsame Identität entwickelt, die nun zerbricht. Ihr Leben war aufeinander abgestimmt und dadurch waren beide in einer akzeptierten Weise abhängig voneinander, der andere gehörte wie selbstverständlich zu einem selbst, so wie man selbst zum Leben des anderen gehörte. Selbst an durchschnittlichen Tagen, so Didion, sei ihr in ihrer Ehe unzählige Mal am Tage etwas eingefallen, was sie ihrem Mann dringend sagen musste, das aber höre auch nach dem Tod des Mannes keineswegs auf. Was aufhöre, sei die Möglichkeit, eine Antwort zu bekommen. Die Betroffenen führen dann oft ihr Leben so weiter, als ob der Verstorbene noch lebt, sie reden mit ihm, begrüßen und verabschieden ihn, alles Phänomene, die zu einer normalen Trauer dazu gehören. Didion schreibt, dass Ehe auch dazu diene, die Zeit zu verleugnen. »Vierzig Jahre habe ich mich mit Johns Augen gesehen. Ich wurde nicht älter.« (S. 219). Jetzt aber ist das Alter plötzlich da, und oft gelingt es nicht, noch einmal eine eigene, vom Verstorbenen losgelöste Identität wiederzufinden. Das Phänomen des Nachsterbens tritt besonders häufig im betagten Alter auf, als ob der Tod des Partners den Lebenswillen erlöschen lässt und das eigene Sterben einläutet, ein Phänomen allerdings, dass häufiger bei Männern als bei Frauen auftritt.

Seit der Arbeit von Freud (1916) über *Trauer und Melancholie* ist bekannt, das es besonders dann zu Schwierigkeiten im Trauerprozess kommt, wenn die Beziehung ambivalent, also durch zwiespältige Gefühle gekennzeichnet war. Der Trauerprozess verharrt dann entweder in der Phase der Betäubung, in der der Tod gar nicht wirklich realisiert wird, in der Phase des sehnsuchtsvollen Suchens, in der das verlorene Objekt immer wieder herbeigesehnt wird, oder der Phase der Desorganisation und Verzweiflung, in der sich Gefühle von Trauer, Wut und Schuld vermischen und es nicht gelingt, in das normale Leben zurück zu finden.

Dies war auch bei der 61jährigen Frau A. der Fall. Sie war seit dem 16. Lebensjahr mit ihrem Mann zusammen gewesen, er war 19 Jahre älter als sie und jetzt sehr qualvoll infolge von Prostatakrebs verstorben. Sie war die solide Stütze in der Beziehung gewesen, während er beruflich immer wieder Neues ausprobierte, dabei zwar manchmal Erfolg hatte, aber häufiger auch Schiffbruch erlitten hatte. Sie hatte das hingenommen, und möglicherweise verkörperte er einen Teil ihres Selbst, den sie selbst nicht zu leben vermochte. Nach eigenem Bekunden war es stets eine harmonische Ehe gewesen, doch in der letzten Phase sei es für sie immer schwieriger geworden. Sie hatte ihre sichere Stellung gekündigt, um ihn pflegen zu können, doch er habe wenig Verständnis für sie aufgebracht, immer mehr gefordert, sie auch beschimpft. Trotzdem machte sie sich jetzt Vorwürfe, dass sie zuletzt nicht mehr so fürsorglich und liebevoll mit ihm umgegangen sei und vor allem, dass er gestorben sei, als sie im Keller bei der Wäsche war. Sie war voller Schuldgefühle und konnte kein Verständnis für sich aufbringen. Erst nach mehreren Gesprächen war es ihr möglich, sich zu entlasten und ihr Verhalten besser zu akzeptieren. Sie konnte nun einen ersten Schritt tun, wieder zu malen, was sie in frühen Jahren gern gemacht, dann aber ganz aufgegeben hatte. Dies war ein erster Schritt, sich aus der erstarrten Trauer zu befreien, der manchem anderen Betroffenen nur mit äußerer Unterstützung gelingt.

Der normale Trauerprozess, wie Freud ihn erstmals beschrieben hatte, vollzieht sich in einer inneren Auseinandersetzung mit der verlorenen Person, verbunden mit einer Internalisierung, bei der das verlorene Objekt innerlich wieder aufgerichtet wird, so dass der Verstorbene äußerlich losgelassen werden kann. Der bekannte Psychoanalytiker Kernberg (2010) hat vor dem Hintergrund des Todes seiner Frau eine Arbeit zur Trauer geschrieben, in der er bezweifelt, dass der Hinterbliebene nach einer Zeit der Trauer zu einem normalen Leben zurückkehren könne. Er vertritt die Auffassung, dass besonders nach einer langjährigen Ehe der Trauerprozess nicht völlig abgeschlossen wird, sondern immer wieder dann, wenn Erinnerungen geweckt werden, schmerzhaft aufsteigen kann. Er nimmt an, dass der Hinterbliebene eine Beziehung zum Verstorbenen bewahrt und sich dadurch selbst dauerhaft verändert.

Die 74jährige Frau T. hatte vor einigen Monaten ihren Mann verloren. Sie wirkte sehr labil und auch körperlich unsicher auf den Beinen, wie ein äußerer Ausdruck ihres fehlenden inneren Haltes. Sie war in der Beziehung zu ihrem Mann aufgegangen, hatte ihn bewundert und idealisiert und aus dieser Identifikation ihr eigenes Selbstbewusstsein gezogen. Lebendig konnte sie schildern, wie sie sich auf einer Turnveranstaltung kennen gelernt hatten, erste Blicke austauschten und die gegenseitige Anziehung sofort spürbar gewesen sei. Doch er war auch sehr dominant gewesen, hatte ihr wenig Spielraum gelassen, und in der Zeit des Sterbens, mit dem er sich nicht abfinden konnte, machte er ihr das Leben durchaus schwer. Kurz vor seinem Tod gab er ihr mit auf den Weg: In spätestens drei Wochen wird Du wieder bei mir sein, eine Aussage, die wirkte, als bringe eine

Verachtung zum Ausdruck, die er vielleicht immer schon im Hinblick auf ihre Unselbständigkeit und Unterwürfigkeit hegte. Diese Aussage aber lastete schwer auf ihrer Seele.

In Trauerprozessen geht es immer auch um Schuldgefühle, die Schuld, weiterzuleben, die Gewissensbisse, manches versäumt zu haben, dem Partner unrecht getan zu haben, ihn vielleicht manches mal hintergangen zu haben. All dies ist nicht wieder gut zu machen, und auch Vergebung und Verzeihung ist nicht zu bekommen. Kernberg meint, dass es möglich ist, dies alles zu internalisieren, dadurch innerlich zu reifen und sich anderen gegenüber so zu verhalten, wie es dem Partner gegenüber nicht mehr möglich ist. Das Gefühl von Schuld, Versäumnis und der Wunsch der Wiedergutmachung können also Reifungsimpulse in Gang setzen. Doch in vielen Trauerprozessen ist es schwierig, diese Gefühle zu überwinden, und auch Frau T. brauchte eine Unterstützung, um sich aus ihrem Zwiespalt zu befreien. Einerseits spürte sie die Liebe zu ihrem Mann noch lebendig in sich, hatte sie doch den Moment des Kennenlernens und damit den Impuls der Zuneigung in sich bewahrt. Anderseits plagten sie Schuldgefühle: Durfte sie weiterleben und sich über die Prophezeihung ihres Mannes hinweg setzen? Noch beschämender wäre es gewesen, die verborgenen Hassgefühle zuzulassen, die nur vermutet werden konnten, hatte er ihr doch über den Tod hinaus Fesseln angelegt. In der Trauerarbeit musste es um diesen inneren Konflikt gehen; die widersprüchlichen Gefühle zum Ausdruck bringen zu dürfen ist ein unerlässlicher Schritt im Trauerprozess. Trauer ist keine Krankheit, aber eine Lebenssituation, deren Bewältigung durch äußere Hilfen erleichtert werden kann. Vielerorts werden Trauerseminare oder Trauergruppen angeboten, nicht zuletzt auch im kirchlichen Kontext. Dabei kann nach bestimmten Konzepten vorgegangen werden (Worden 2004), wobei die Konfrontation mit dem Ereignis des Sterbens eine zentrale Bedeutung hat, die allerdings einer sorgfältigen Vorbereitung bedarf. Dann aber kann sich das eingefrorene Erleben lösen und die Trauer voranschreiten.

3.3.5 Eine Bürde des Alters – Krankheit und Gebrechlichkeit

Wenn Menschen ein höheres Alter erreichen, ist es üblich, ihnen zum Geburtstag eine gute Gesundheit zu wünschen. Dies so zu betonen lässt bereits die Sorge erkennen, dass es jederzeit anders kommen und das Leben eine entscheidende Veränderung erfahren kann. Manchmal geschieht dies sehr plötzlich, wie beim Schlaganfall, der Menschen von einem Moment auf den anderen trifft, so wie folgenden Patienten.

Herr M. schildert das ungläubige Staunen, dass ihn erfasste, als er am frühen Morgen aufwachte. Das war, wie wenn jemand sagt: ›Das gibt's doch nicht‹. Auf einmal gehorchte der Arm nicht mehr. Das Bein läuft aus dem Ruder. Der Körper konnte sich nicht mehr halten, verlor sein Gleichgewicht. Als ob er neben sich stehe, beobachtete er dieses merkwürdige unbeholfene Wesen. Es war wie ein Schock, wie nach einem Unfall: Schmerzen hatte er zunächst nicht, nur das dumpfe Gefühl: Alles war anders geworden. Da ahnte er noch nicht, wie anders alles geworden war. Das Entsetzen kam etwas später. Die Symptome verschlimmerten sich: Die Lähmung, das Taubheitsgefühl, die Unfähigkeit, den Speichel im Mund festzuhalten, der Sprachverlust. Dann die ersten Fragen: ›Wird das jetzt so bleiben? Werde ich nie wieder gehen können? Wird meine Hand so gefühllos und unwillig bleiben? – Angewidert wandte er sich von seiner gelähmten Körperhälfte ab. Er will sie nicht sehen, nichts von ihr wissen. Am liebsten hätte er sie abgeschnitten und weggeschmissen. ›Was soll ich damit?‹ Vollends entsetzlich war es, als er bemerkte, dass seine Sprache nicht mehr funktionierte. Er hatte alle Gedanken richtig im Kopf zusammen, aber sie wollten nicht über die Lippen. Er stieß nur unverständliche Laute aus. An der Reaktion seiner Frau merkte er, dass sie ihn nicht verstand. Je mehr Mühe sie sich gab, umso hilfloser und isolierter fühlte er sich. Ein furchtbares Schicksal war über ihn gekommen. Er war allein auf der Welt und konnte sich selbst nicht helfen und konnte sich mit niemandem verständigen. Was für ein Schrecken! ›Was soll aus mir werden? Warum bin ich nicht gleich gestorben?‹ Depressionen ließen nicht lange auf sich warten. Gefühle der Angst, der Scham, der Ohnmacht, des Ausgeliefertseins überschwemmten seine Seele. Er konnte sich dagegen nicht wehren. Der Damm, hinter dem er sonst tapfer seine Tränen zurückhalten konnte, war sehr niedrig geworden. Die Sorgen aber waren real und drohend. ›Warum bin ich noch da? Wer will denn mit mir noch etwas zu tun haben? Bin ich nicht für die anderen eine schreckliche Last – vor allem für meine Frau? Wohin ich mich auch wende – überall nur Ausweglosigkeit. Ich bin mir selbst fremd geworden. Ich kenne mich nicht mehr. Warum erlöst mich denn keiner aus diesem Elend? Was war ich einmal für ein Mensch: Immer gesund, immer habe ich gearbeitet. Und jetzt? Nur noch ein Wrack! Die anderen können mit mir machen, was sie wollen. Ich wollte, ich wäre tot.‹ (Schütz u. Baumgartner 1994)

Jährlich erleiden ca. 300.000 bis 350.000 Menschen in Deutschland einen Schlaganfall, davon entfallen 75% auf über 65jährige. Zwar erholen sich viele der Betroffenen auch wieder weitgehend, dennoch müssen zahlreiche Patienten mit bleibenden Einschränkungen leben. Schlaganfälle sind ein Beispiel, wie Krankheiten sehr plötzlich eintreffen können und als Trauma erfahren werden, andere Veränderungen kündigen sich lange an und entwickeln sich allmählich, so wie etwa Seh- und Höreinschränkungen, von denen viele Ältere betroffen sind. Dass die Gefahr, einschränkende Krankheiten zu erleiden, im Alter zunimmt, gehört zu den bitteren Seiten dieses Lebensabschnittes. Und oft kumulieren diese Erkrankungen und beschleunigen den ohnehin sich vollziehenden körperlichen Abbauprozess. Der Körper macht sich immer mehr bemerkbar, scheint das Leben immer stärker zu beherrschen, und häufig wird eine Alterskaskade ausgelöst, wie sie Luft und Vogt (2010) schildern: wenn ein Stein fällt, wirft er auch andere mit um. So führen Krankheiten oft zu Bewegungseinschränkungen, Ältere ziehen sich zurück und können soziale Kontakte nicht mehr so pflegen wie zuvor. Daraus resultiert rasch ein Gefühl von Einsamkeit und die Angst, nicht mehr dazu zu gehören, aber auch weniger Bewegung, was den körperlichen Abbauprozess zusätzlich beschleunigt und wiederum weiteren Erkrankungen Tür und Tor öffnet. Um dieser Spirale entgegen zu wirken, ist soziale Teilhabe und regelmäßige körperliche Bewegung unverzichtbar, nur so kann etwa der Gefahr von Stürzen vorgebeugt werden, die sie oftmals in Gang setzen.

Mehr noch als die eigentliche Krankheit werden die Folgen in Form von Hilflosigkeit, Abhängigkeit und Pflegebedürftigkeit gefürchtet. Auf andere angewiesen und von anderen abhängig zu sein, verletzt das innerste Gefühl von Würde und Selbstachtung und wird von einer ausgeprägten Scham begleitet. Dann betritt der leidende Mensch, wie Viktor Frankl ihn beschrieben hatte, die Bühne. Frankl beschrieb den leidenden Menschen als jenen, der sich mit dem Schicksal auseinander setzt und auch angesichts einer womöglich unheilbaren, zum Tode führenden Krankheit nach Sinn und Erfüllung sucht. Das erfordert *pathische Fähigkeiten*, die den Menschen in einem von Aktivität vorangetriebenen Leben häufig verloren gegangen sind. Man versteht darunter die Fähigkeit, die Kraft aufzubringen, Schwierigkeiten standzuhalten, vom Schicksal zugemutetes Leiden auszuhalten, unverrückbare Grenzen anzuerkennen und sich mit unabänderlichen Gegebenheiten konstruktiv abzufinden (vgl. Rüegger 2006). Es setzt voraus, das Leben auch im Fragment und in der Gebrochenheit als sinnvoll betrachten zu können.

Kann nun die pathische Fähigkeit, die auch eine Wertschätzung der Passivität umfasst, durch eine Beratung gefördert werden? Schlaganfälle etwa werden in der Regel in internistischen Abteilungen oder geriatrischen Kliniken behandelt, wo seelsorgerische Beratung in Ergänzung zur medizinischen Behandlung sinnvoll sein kann. Ebenso sinnvoll kann es allerdings sein, dem Team durch Beratung und Supervision zur Seite zu stehen. Ärztliches Handeln, aber auch Physio- oder Ergotherapie sind auf Aktivierung ausgerichtet, die zweifellos von großer Bedeutung ist. So muss der Schlaganfallpatient sich gerade der Seite aktiv zuwenden, die von dem Schlag betroffen ist und der er wie der oben geschilderte Patient zunächst ausweichen möchte; nur wenn er die gelähmten Teile aktiv trainiert, besteht die Chance auf Linderung. Dies steht auch sinnbildlich dafür, wie wichtig es ist, sich den körperlichen Gebrechen zu stellen und sich aktiv mit ihnen auseinanderzusetzen. Doch die Erfahrung zeigt, dass viele Patienten sich einer solchen aktiven Auseinandersetzung widersetzen, dass sie sich vielleicht sogar verweigern und damit das Personal in seinen Bemühungen zum Scheitern bringt. Hier kann es für diese eine wichtige Entlastung bedeuten, einen besseren Blick für die Gefühlswelt des Patienten zu entwickeln, die ihn abhält und es ihm schwer macht, die Therapieangebote für sich als positiv zu erleben. Es mag paradox klingen: Aber die Annahme des erlittenen Leids im Sinne einer annehmenden Passivität ist Voraussetzung dafür, Hilfe annehmen und die Aktivierungsangebote des Personals wertschätzen zu können, so wie der Philosoph Karl Jaspers (1973) formulierte: Unaufhebbare Grenzen zu akzeptieren ist die einzige Möglichkeit, wieder Herr seiner selbst zu werden.

3.3.6 Eintritt in eine fremde Welt – Übergang ins Pflegeheim

Die Psychologen Langer und Rodin führten im Jahre 1976 ein Experiment durch, das Geschichte machen sollte: Sie untersuchten alte Menschen, die ins Pflegeheim wechselten, und teilten diese in zwei Gruppen ein: Die eine Gruppe wurde in einer Art und Weise aufgenommen, wie es üblich sein dürfte. Ihnen wurde das Zimmer gezeigt, sie wurden mit einigen Informationen über den Ablauf versorgt sowie darüber, wie die Pflege vonstatten gehe. Schließlich wurde ihnen eine Blume geschenkt mit dem Hinweis, dass der Pfleger sich um die Blume kümmern werde. Bei den Älteren in der zweiten Gruppe wurde etwas anders vorgegangen. Ihnen wurde bei der Aufnahme gesagt, dass sie kompetente Menschen seien, sie wurden angehalten, sich umzusehen und zu überlegen, wie sie ihre Zeit gestalten könnten. Schließlich durften sie

Besondere Belastungen – Grenzen werden spürbar

sich am Ende des Gesprächs eine Blume aussuchen, für deren Versorgung sie anschließend zu sorgen hatten. Bald zeigten sich bereits Unterschiede im Wohlbefinden zwischen beiden Gruppen, doch nach 18 Monaten wurden diese dramatisch: Die Sterberate in der Kontrollgruppe war doppelt so hoch wie in der Gruppe, die aufgefordert wurden, ein persönliches Gefühl von Verantwortung zu entwickeln (15% gegenüber 30%).

In dem von Baumann (2002) vorgelegten Programm *Psychologische Intervention beim Übergang ins Seniorenheim* ist das Ziel zugrunde gelegt, den Übergang ins Pflegeheim weitestmöglich selbst vorzubereiten und zu kontrollieren. Der Übergang wird als ein Prozess konzeptualisiert, der mit einer inneren Auseinandersetzung mit dem Für und Wider beginnt, eingeschlossen die Frage, was es bedeutet, Abschied zu nehmen von der gewohnten Umgebung. Dem Programm zufolge würde die konkrete Suche nach einem Heimplatz erst danach beginnen und schließlich der Umzug erfolgen. Daran schließt die Phase der Eingewöhnung und der Anpassung an die neue Umgebung an, immer unter der Zielsetzung einer möglichst weitgehenden Selbstkontrolle. In dem folgenden Fall war es möglich, einen solch sanften Übergang zu realisieren.

Frau B war nach dem Tod ihres Mannes selbst schwer erkrankt. Sie musste in der Psychiatrie behandelt werden und konnte danach nicht mehr in ihre eigene Wohnung zurückkehren. Kurzfristig wurde über eine Heimeinweisung entschieden, viel Zeit hatte sie nicht, sich mit diesem Schritt auseinanderzusetzen. Im Heim selbst bezog sie zunächst ein Zimmer im Pflegetrakt, doch der Sohn hatte vorsichtshalber auch ein Zimmer im benachbarten Trakt angemietet, in dem sie für den Fall, dass sie sich wieder erholt, sehr viel selbständiger hätte wohnen können. Im Pflegeheim zog sie sich zunächst sehr zurück. Auf den Berater, den der Sohn engagiert hatte, reagierte sie ablehnend, fühlte sie sich doch von ihrem Sohn abgewiesen. Doch der Berater zeigte sich geduldig. Obwohl sie sich zunächst kaum auf ein Gespräch einließ, versuchte er, ihre Gefühle zu verstehen und in Worte zu fassen, ohne sie dabei zu bedrängen. Im dritten Gespräch dann berichtete sie, aus dem Bett gefallen zu sein, sie habe zu schnell aufstehen wollen und sei dabei gestürzt. Der Berater verstand dieses Ereignis als Ausdruck ihres Impulses, ihre Passivität und Zurückgezogenheit aufzugeben und einen Versuch zu machen, ins Leben zurückzufinden. Erstmals ließ sie sich auf ein Gespräch ein. Im übernächsten Gespräch schließlich fand der Berater sie zunächst nicht, um von den Schwestern zu erfahren, dass sie in das andere Zimmer im betreuten Wohnen gewechselt war. Dort empfing sie ihn eiligen Schrittes und erzählte lebhaft von ihren neuen Überlegungen, was sie aus der eigenen Wohnung herüberholen könnte, und dass sie Gefallen gefunden habe an dem ergotherapeutischen Angebot, dass in dem Haus gemacht wurde. Nach einiger Zeit entschied sie sich dann doch, im Pflegetrakt zu bleiben, aber auch hier konnte sie einige persönliche Dinge mitnehmen und das Zimmer individuell gestalten. Die Nähe zum Schwesternzimmer schien ihr hier mehr Sicherheit zu vermitteln als in der größeren Selbständigkeit des betreuten Wohnens. Sie hatte sich aber innerlich auf den neuen Lebensmittelpunkt eingelassen und konnte sich sogar soweit erholen, dass sie einige Reisen unternehmen konnte. Ausschlaggebend dafür war zweifellos, dass sie diese Entscheidung selbst herbei geführt hatte.

Die Realität des Übergangs sieht in der Regel jedoch anders aus und erfolgt meist aus einer Drucksituation, in der rasch gehandelt werden muss. Es stellt sich allerdings auch die kritische Frage, ob ein sanfter Übergang in eine Realität, die kaum Spielräume für Selbstkontrolle und Selbstgestaltung lässt, Sinn macht? Es ist kaum von der Hand zu weisen, dass Pflegeheime weiterhin große Defizite aufweisen und die psychologischen Prinzipien, deren Bedeutung Rodin und Langer so eindrücklich belegt haben, nur unzureichend berücksichtigen, obwohl es nicht an Konzepten diesbezüglich mangelt. Ursula Koch-Straube (2002) hat in ihrer bedrückenden ethnopsychoanalytischen Studie *Fremde Welt Pflegeheim* die Atmosphäre des Schweigens, der Stille und der Bewegungslosigkeit beschrieben. Die tiefe Regression, in die sich die Bewohner zurückziehen, in der sie kaum noch von ihrer Umwelt und voneinander Notiz nehmen, mutet an wie ein tranceähnlicher Zustand, wie eine Vorstufe des Todes. Dieser Rückzug muss aber auch als Reaktion auf eine Situation verstanden werden, in der sich die Bewohner völlig verlassen fühlen und der Verlust ihres bisherigen Lebens wie ein Trauma auf ihnen lastet. In Bezug auf Kinder, die in einem Heim untergebracht sind, fand schon vor Jahrzehnten eine intensive Diskussion zum Thema Hospitalismus statt, die ein Bewusstsein für die Notwendigkeit einer anregenden, vertrauensvollen Umwelt schuf. Bis heute wird allerdings kaum zur Kenntnis genommen, dass auch bei älteren Menschen ganz ähnliche Hospitalismussyndrome auftreten können. Der soziale Tod der Pflegebedürftigen wird in Kauf genommen und zieht nicht selten bald den tatsächlichen Tod nach sich. Vollständige Hilflosigkeit und Ohnmacht zu erleben kann zu einem inneren Sich-Aufgeben führen, als seien die guten inneren Objekte nicht mehr in der Lage, diesen Einbruch aufzufangen, sondern werden entwertet und vernichtet, eine Situation, der der Ältere oftmals nur durch einen regressiven Rückzug zu begegnen vermag.

Die 86jährige Frau A. musste wegen ihrer fortschreitenden Demenz vom betreuten Wohnen, in dem sie sich wohlgefühlt hatte, in den Pflegebereich wechseln. Zunächst war sie erleichtert, fühlte sich hier aufgehobener und besser versorgt, was ihre Angst linderte, obwohl sie sehr viel Zeit allein in ihrem Zimmer verbrachte. Doch im Laufe der Zeit versank sie immer mehr in einer abgeschiedenen, stummen Welt. Nach einiger Zeit stand ein Umzug in einen frisch renovierten Bereich an, doch dieser Umzug brachte keine Erleichterung, im Gegenteil, sie fühlte sich noch verlorener. Sie bekam ein Zimmer am Ende eines langen, weiß gestrichenen Ganges, die Türschilder mit Bildern der Bewohner, die zuvor noch Orientierung gegeben hatten, waren aus Datenschutzgründen nicht mehr angebracht worden. Sie war kaum in der Lage, ihr Zimmer selbständig zu finden und lehnte es ab, sich dort aufzuhalten, lieber saß sie in dem großen Aufenthaltsraum. Doch dieser wirkte wie die Eingangs-

halle eines modernen Hotels, an einer Seite mit einer großen Glasfront versehen. Manchmal saß sie an ihrem Tisch in der Nähe des großen Fensters und blickte hinaus in die Weite, in der sie sich verlor. Sie war nicht mehr in der Lage, sich selbständig umzudrehen, um ein wenig von dem Leben mitzubekommen, dass sich hinter ihr abspielte. Von den Pflegern dachte niemand daran, ihren Stuhl umzudrehen, diese saßen gut abgeschirmt hinter Glas, um ihre Besprechungen abzuhalten.

Bei der Renovierung schien die Tatsache, dass hier alte, zum Teil demente Menschen wohnen würden, keine besondere Rolle gespielt zu haben, jedenfalls waren Einrichtungs- und Gestaltungsvorschläge, wie sie etwa das Kuratorium Deutsche Altershilfe (KDA 2004) macht, offensichtlich nicht bekannt. Überlegungen, welche Umwelt es älteren dementen Menschen erleichtert, sich zu orientieren und es ihnen ermöglicht, sich geborgen und versorgt zu fühlen, waren nicht zum Tragen gekommen, wie auch beim Pflegepersonal nur sehr eingeschränkte Kompetenzen im Umgang mit Demenzkranken bestanden. So waren die Angehörigen immer wieder darauf gestoßen, dass die Hörgeräte, ohne die ein Gespräch mit ihr kaum möglich war, im Kästchen auf der Kommode lagen. Darauf angesprochen erhielten sie den Hinweise, sie nehme sie ohnehin wieder raus. Dass sich die Verwirrung im Kopf eines demenzkranken Menschen noch steigert, wenn er kaum in der Lage ist, Informationen aus seiner Umwelt aufzunehmen, war offenbar nicht bekannt.

Die Angehörigen nahmen Frau A. bald aus dem Pflegeheim und brachten sie in eine Wohngemeinschaft für Demenzkranke, wo sie einen Platz erhalten hatten, und dadurch kam sie in eine menschenwürdige Welt zurück. Die Überschaubarkeit der Wohnung, die familiäre Atmosphäre, die Zugewandtheit – es fand häufig Körperkontakt statt – und Aufmerksamkeit des Pflegepersonals –sie trug wie selbstverständlich die Hörgeräte-, die Anregungen – so wurde täglich die Zeitung vorgelesen –, die kleinen Alltagsverrichtungen – Wäschefalten, Gemüse putzen u.a. – schufen ein völlig anderes Daseinsgefühl. Auch als der Abbauprozess weiter voranschritt, sie nachts unruhig war und bald nicht mehr allein das Essen zu sich nehmen konnte, wurde sie nicht am Bett fixiert, es wurde keine Sonde gelegt, was im Pflegeheim längst geschehen wäre, man fand einen anderen Umgang damit.

Es liegen längst Konzepte vor, wie auch größere Heime wohnlicher und demenzfreundlicher gestaltet werden können, warum werden diese Konzepte so wenig angewendet? Warum haben die großen Heime immer noch den Charakter totaler Institutionen, die die Menschen einer vollständigen Kontrolle unterwerfen. Auch Einrichtungen in kirchlicher Trägerschaft unterscheiden sich davon nicht. Das Heim, in dem Frau A. zunächst untergebracht war, war ein solches. Klaus Dörner (2007), der bekannte Psychiater, der bereits in den 70er Jahren für die Auslösung der großen psychiatrischen Kliniken und Heime für Kinder und Jugendliche kämpfte, setzt sich jetzt für die Auflösung der großen Pflegeheime ein. Er wirbt für eine andere Hilfestruktur, die er den dritten Sozialraum nennt, ein Raum, der zwischen privaten Bereich der Familie und öffentlicher Einrichtung liegt. Obwohl Wohngemeinschaften für Demenzkranke zunehmen, kann von einer Deinstitutionalisierung bislang nicht gesprochen werden.

3.3.7 An der Grenze des Lebens – Tod und Sterben

Siegmund Freud hatte 1915 geschrieben: »Wenn du das Leben aushalten willst, richte dich auf den Tod ein« (Freud 1915, S. 354). Doch geht das, und wenn ja wie? Vilma Sturm, eine engagierte katholische Publizistin, schrieb in ihrer Autobiographie *Alte Tage*: »Der gängigen Aufforderung an die Alten, sich auf den Tod vorzubereiten, komme ich nicht nach. Wer könnte mir auch sagen, wie ich das machen soll? Was auch immer wir glauben über ein Fortleben nach dem Tode, über Auferstehung oder ewiges Leben zu wissen, ist der Tod doch immer Auslöschung der Person und ihre zumindest vorläufige Vernichtung. Damit in Gedanken umzugehen ist grauenhaft und führt zu nichts. Nein, nicht auf unseren Tod lasst uns unsere Gedanken richten, sondern auf das Leben der anderen, auf ihr zukünftiges Wohl – bis zu unserem letzten Atemzug« (Sturm 1988, 87). Doch hat sie recht damit, ist es früh genug, sich mit dem Tod zu befassen, wenn er kommt, wenn er unmittelbar vor der Tür steht? Ivan Illitsch in Tolstojs Novelle *Der Tod des Ivan Illitsch* (Tolstoj 1885) war nicht auf den Tod vorbereitet, der allzu früh und überraschend kam. Immer war er ein eigenbrötlerischer Mensch gewesen, unnahbar auch für seine Familie, er blieb dies auch in seinem Todeskampf, bis ganz zum Schluss, als er schon im Angesicht des Todes ein weicheres Herz zeigte und seinen Sohn zu sich rief. Könnte eine Vorbereitung auf den Tod nicht doch früher das Herz erweichen, um Zugang zu den Menschen wie zu sich selbst zu finden? Der Theologe Heinz Rüegger (2006) plädiert eindringlich dafür, sich mit der eigenen Endlichkeit und dem Tod zu befassen, er entwirft ein modernes *ars moriendi*, um zu lernen, ihn als Teil des Lebens anzuerkennen und Wirklichkeit werden zu lassen, was Martin Luther in einer Gesangbuchzeile geschrieben hatte: ›Mitten wir im Leben sind mit dem Tod umfangen‹. Das nun bedeutet keineswegs, ständig an den Tod zu denken, aber doch das Leben so einzurichten, das die Vorstellung seiner Begrenztheit darin durchaus vorkommt. Das Leben auszuschöpfen, lebenssatt zu werden, ist dabei nur ein Aspekt, der es erleichtert, auch den Tod als natürlich zu betrachten, während Todesangst mit Lebensangst korrespondiert. Von Bedeutung ist auch, wie jemand sonst im Leben mit Abschieden und Trennungen, mit den ›kleinen Toden‹ umgegangen ist, ob er gelernt hat, Krisen und Grenzsituationen im Leben zu meistern, womit implizit auch eine Vorbereitung verbunden ist, mit der äußersten Grenze, dem Tod umzugehen (Kruse 1992). Schließlich gehören auch konkrete Regelungen dazu, etwa Patienten- und Vorsorgeverfügungen zu hinterlegen, Erbschaftsangelegenheiten auf den Weg zu bringen und vielleicht sogar die eigene Begräbnisfeier zu entwerfen.

Herr H. ging auf das 90. Lebensjahr zu, doch zuletzt hatte ihn nur noch sein Ende interessiert. Er sprach immer wieder darüber, was noch zu regeln sei, wo er was hinterlegt hatte, und wie er sich dies und jenes bei seinem Begräbnis vorstellte. Er nervte die Angehörigen, die davon nicht so viel hören wollten, und der Schwiegersohn wies ihn darauf hin, dass er eigentlich viel lieber mit ihm den 90. Geburtstag feiern wolle. Das lenkte ihn dann tatsächlich eine Weile ab, und er war mit der Vorbereitung der Feier beschäftigt. Am letzten Heiligen Abend, den er erlebte, trug er aus dem Stehgreif tief bewegt ein Gedicht vor, wie eine Abschiedsrede, und alle ahnten, es ist das letzte Weihnachten. Kurz darauf ereilte ihn die Diagnose Bauchspeicheldrüsenkrebs. Wenige Monate später verstarb er zu Hause im Kreise seiner Familie, er zeigt in den letzten Wochen kaum Anzeichen von Verzweiflung, vielmehr hatte er sich mit seinem Ende abgefunden und betonte immer wieder, wie dankbar er für das reiche Leben sei, das ihm vergönnt gewesen sei. Den 90. Geburtstag erlebte er nicht mehr.

Doch wenn der Tod nahe rückt und das Sterben spürbar wird, kommt die Todesangst oftmals doch, spätestens jetzt wird eine Auseinandersetzung mit ihr unumgänglich. Der Tod kündigt sich häufig in einer beschleunigten Abwärtsentwicklung an, das Wasser, das bisher nur allmählich flussabwärts zu fließen schien, scheint nun in Kaskaden abwärts zu stürzen. Die Folge ist ein beschleunigt fortschreitender körperlicher Abbau bis die inneren lebenswichtigen Organe nach und nach ihren Dienst versagen. Parallel dazu findet im letzten Lebensjahr auch ein beschleunigter kognitiver Abbau statt, wofür der Begriff des ›terminal drop‹ gefunden wurde (Kruse 2007). Zu beobachten ist dies vor allem an einer deutlichen Verlangsamung der Informationsverarbeitung. Es scheint, als ob hier ein Schutzmechanismus zum Tragen kommt, der den Menschen allmählich wegführt vom Leben und hinüber zum Tod. Vielleicht ist ein solcher Prozess nicht immer nach außen hin zu erkennen, aber darum zu wissen, kann doch die Aufmerksamkeit für die Bedeutung eines solchen Abbaus erhöhen. Dann können Angehörige und Betreuer sich in besonderer Weise auf den Sterbenden einstellen, auch wenn das unmittelbare Sterben noch nicht eingesetzt hat.

Auch das Leben von Frau H., gerade 90 geworden, ging dem Ende zu, das war nicht nur den Kindern, sondern auch ihr selbst klar, und sie sprachen offen darüber. Das Sterben selbst vollzog sich dann im Krankenhaus, etwas, was von vielen gefürchtet wird. Aber entgegen allen Erwartungen war es dennoch kein medizinalisiertes, anonymes, sondern ein menschenwürdiges Sterben. Sie war allein in einem Zimmer untergebracht, doch ein zweites Bett war hinein geschoben worden, so dass immer mindestens eines der Kinder bei ihr sein konnte. Diese konnten somit in ihrer Nähe sein und wurden mitversorgt, hatten aber jederzeit auch die Möglichkeit, einen Rat des Arztes oder der Schwester einzuholen. Diese waren zur Stelle, wenn es galt, die Schmerzen der Sterbenden zu lindern. Auch wenn es mitten in unserem Medizinbetrieb stattfand, so war es dennoch ein persönliches Sterben.

So begrüßenswert Hospize sind, menschenwürdiges Sterben ist nicht alleiniges Privileg eines Hospiz, sondern kann auch an anderen Orten erfolgen, manchmal sogar im Krankenhaus, wenn hier eine Bereitschaft besteht, sich auf die Bedürfnisse Sterbender und ihrer Angehörigen einzustellen und die Palliativmedizin zur Verfügung steht, das Sterben zu erleichtern (Wittkowski u. Schröder 2008). Dann können auch andernorts die Bedürfnisse des Sterbenden einschließlich des Wunsches nach Selbstbestimmung berücksichtigt werden, obgleich dieser Wunsch womöglich manches Mal auch überbetont wird. In der unmittelbaren Sterbesituation wird auch die Grundpassivität des Menschen offensichtlich, wie sie einem christlichen Grundverständnis entspricht.

Beide, Herr und Frau H., die fast 60 Jahre miteinander verheiratet gewesen waren und in einem Abstand von etwas mehr als einem Jahr verstarben, war der christliche Glaube eine wichtige Stütze, und dieser erleichterte ihnen womöglich den akzeptierenden Umgang mit ihrem eigenen Ende. Vermittelt der Glaube eine Auffassung von Tod, diesen nicht als Strafe, sondern als natürliches Ende des Lebens zu sehen, so wie es beide taten, dann kann dadurch ein versöhnliches, angstfreies Hinnehmen erleichtert werden, getragen von der Hoffnung auf ein jüngstes Gericht, bis zu dem etwas von der Unsterblichkeit der Seele erhalten bleibt und die Auferstehung zu ewigem Leben führt. Ein solches Gefühl erscheint unerlässlich, um den Tod hinnehmen zu können, auch wenn dazu nicht notwendigerweise eine christliche Lebensauffassung vonnöten ist, aber doch die Identifikation mit etwas, das über das eigene Selbst hinausreicht und über den persönlichen Tod fortbesteht (Lifton 1986).

4. Gibt es ein gelingendes Altern? – Perspektiven psychosozialer Beratung

4.1 Generativität – zu einem erfüllten Leben

Herr F. war 61 Jahre alt und befand sich bereits im aktiven Teil des Vorruhestandes. Doch zuletzt fühlte er sich seiner Arbeit nicht mehr gewachsen. Immer neuen Anforderungen zu begegnen, die das bisher Geleistete in Frage stellen, rief in ihm einen immer größeren Unmut und wachsende Selbstzweifel hervor. Im Laufe einer psychotherapeutischen Behandlung gelang es ihm jedoch, sich mit dieser Situation auseinander zu setzen, wobei lebensgeschichtliche Erfahrungen eine große Rolle spielten. Immer mehr rückte die Frage in den Vordergrund, wie er den zukünftigen Lebensabschnitt gestalten könne. Zu den Rentnern mit grauem Blouson, Plastiktüte und Hund an der Leine wollte er sich nicht gesellen. Schließlich verkündete er eines Tages, sich ein Motorrad gekauft zu haben, ein Entschluss, der ihm sichtlich Auftrieb gab und neue Freiheit versprach. Doch gleichzeitig entwickelte sich die Vorstellung, die Arbeit in der Kirche, in der er seit vielen Jahren engagiert war, zu erweitern. Er hatte die Idee gefunden, eine Männergruppe zu gründen, etwas, bei dem er zahlreiche seiner Fähigkeiten als Leiter einer großen Einrichtung würde einbringen können.

Erikson (1973) hat ein epigenetisches Entwicklungsmodell entwickelt, das acht aufeinander folgende Stufen umfasst. Als vorletzte, im mittleren Lebensalter zu bewältigende Stufe hatte er die Polarität *Generativität versus Stagnation* formuliert. Im engeren Sinn ist mit Generativität die Hervorbringung neuen Lebens und die Verantwortung und Fürsorge für die nachfolgende Generation gemeint, während Stagnation und Selbstabsorption mit dem Gefühl verknüpft sind, dass sich das Leben in zielloser Routine erschöpft, zur leeren Geschäftigkeit wird und als ein schweres Bündel von Pflichten empfunden wird. Es überwiegt die Enttäuschung über nicht erfüllte und nicht mehr erfüllbare Wünsche und Projekte, Langeweile, Verbitterung und Frustration drohen. In dunklen Momenten mag das Gefühl aufkeimen, umsonst gelebt zu haben und keine nennenswerten Spuren zu hinterlassen. Ein solches Gefühl führt meist zu einer übermäßigen Beschäftigung mit sich selbst, der Betroffene verliert sich in negativen Gedankenspiralen. Doch ein solches Gefühl, das wohl keinem völlig fremd ist, kann zum Antrieb werden, sich weiter zu entwickeln und eine Position der Generativität zu erlangen, die Erikson als Entwicklungsziel beschreibt.

Der Begriff der Generativität wird heute weiter gefasst als es noch Erikson getan hatte und als Aufgabe gesehen, die sich über die gesamte zweite Lebenshälfte erstreckt. Besonders im jungen Alter kann eine Haltung der Generativität in eine neue Lebensaufgabe münden. Untersuchungen zeigen, dass die jüngeren Alten dazu immer häufiger bereit sind und heute bereits zu 37% ein Ehrenamt wahrnehmen, was in ganz unterschiedlicher Weise erfolgen kann, beispielsweise in einem kirchlichen Engagement, so wie es Herr F. beabsichtigte. Neben weiteren vielfältigen Formen eines ehrenamtlichen Engagements stellt die Gründung einer Stiftung, von denen es hierzulande bereits ca. 15.000 gibt, eine besondere Form von Generativität dar. Die evangelische Kirche Hessen-Nassau hat die Initiative ›Stiften tut gut‹ ins Leben gerufen, um darüber zu informieren und anzuregen, das bei Älteren ja durchaus in großem Umfang vorhandene Vermögen – kleine Vermögen können allerdings auch in Gemeinschaftsstiftungen eingebracht werden – in dieser Form der Gemeinschaft zur Verfügung zu stellen. Die Aufgabe in der Stiftung ermöglicht dann ein produktives Tätigsein, erfüllt aber darüber hinaus weitere wichtige Funktionen, die nicht allein in einer selbstlosen Fürsorge für andere liegen. Sein Geld in eine Stiftung zu geben schafft auch das Gefühl, etwas Dauerhaftes, über das eigene Leben hinaus Reichendes zu schaffen. Indem der Ältere etwas für die Gemeinschaft tut und sich um nachfolgende Generationen kümmert, kann er sich in die Generationenkette einordnen und sich somit ein kleines Gefühl von Unsterblichkeit verschaffen. Etwas Gutes zu tun dient auch dem eigenen Narzissmus, der ansonsten im Alter immer wieder bedroht ist. Dieser reife Narzissmus hat nicht vornehmlich das eigene Wohl und das eigene Selbst im Auge, sondern geht darüber hinaus. Somit hat Generativität nicht nur für die Anderen und für die Gemeinschaft positive Folgen, sondern auch für das eigene Lebensgefühl im Alter.

Im höheren Alter rückt das ehrenamtliche Engagement in den Hintergrund und Generativität bezieht sich mehr auf die Wahrung überdauernder Werte, kultureller Identität und der Bewahrung der Schöpfung. Dabei ist zu berücksichtigen, dass Generativität nicht Rückzug auf eine unhinterfragbare Position bedeutet, sondern den Kontakt und die Bezugnahme auf die nachfolgende Generation einschließt. Vaillant (2002) fand einen Zusammenhang zwischen Generativität und der Bereitschaft, von der nachfolgenden Generation zu lernen. Sie beschreibt mithin eine reife Fähigkeit, eine über das eigene Selbst hinausreichende Haltung zum Leben mit einer empathischen Einstellung zur nachfolgenden Generation zu verbinden. Dieses Merkmal kommt auch in einem weiteren Aspekt von Generativität zum Tragen, das Lang u. Baltes (1997) hinzugefügt haben, nämlich die Fähigkeit zur Selbstbescheidung und Selbstverantwortung. Generativität bedeutet also nicht nur die Übernahme von Verantwortung für andere, sondern auch für sich selbst, beschreibt gewissermaßen die ›Aufgabe des selbstverantwortlichen Lebens‹ im Alter. Dazu gehört auch, sich auf das Alter vorzubereiten, gesundheitliche Vorsorge zu betreiben und die eigene Lebenswelt so zu gestalten, dass Selbstständigkeit so lange als möglich erhalten bleiben kann, eine Aufgabe, der sich viele nicht bewusst stellen.

4.2 Integrität – Sich mit dem Leben aussöhnen

Goethe tat sich schwer mit dem Älterwerden, und vom Tod wollte er erst recht nichts wissen. Weder seine Frau Christiane noch seinen Freund Friedrich Schiller begleitete er auf ihren letzten Wegen, beiden Begräbnissen blieb er fern. Stattdessen flüchtete er in die Liebe zu der jugendlichen Ulrike von Levetzow, die zum Scheitern verurteilt sein musste und ihn noch mehr in ein gekränktes Alter trieb. Aber noch etwas anderes ließ ihm keine Ruhe, nämlich sein Scheitern als Bergbauminister. Als solcher hatte er sich 20 Jahre lang vergeblich darum bemüht, den Flöz in Illmenau wieder betriebsbereit zu machen, vergeblich. Immer wenn es gelungen schien, gab es neue Rückschläge, und schließlich musste er das Projekt ganz aufgeben und damit auch die Hoffnungen der Menschen einer ganzen Region enttäuschen. Dies hatte ihm zeitlebens keine Ruhe gelassen, und im hohen Alter, bereits nach Überschreiten des 80. Lebensjahres, brach er mit seinen beiden Enkeln zu einer letzten Reise auf, eine Reise, die ihn an die Stätte seines Scheiterns zurückführte (Damm 2007). Mit diesem Aktionismus schien er einem Gefühl der Verzweiflung entgegenwirken zu wollen, dass ihn womöglich ansonsten erfasst hätte, Verzweiflung darüber, dass sein Leben nicht vollkommen war, was diesem narzisstischen Mann ein Gefühl des Schmerzes bereitete. Verzweiflung ist ein Gefühl, dass im Alter entstehen kann, wenn das eigene Leben als gescheitert empfunden wird, und das Gefühl vorherrscht, in einer existenziell ausweglosen Situation zu sein. Es enthält die Trauer über etwas, was nicht mehr ist, aber auch den Hass, der sich gegen die eigene Person richtet und den Wunsch hervorruft, nicht mehr man selbst sein zu wollen. Der Verzweifelte fühlt sich oft wie eine Schnecke in ihrem Gehäuse, zurückgeworfen auf ein einsames Ich (Decher 2002). Das Gefühl erfasst Menschen, die von schweren Schicksalsschlägen betroffen sind und keine Zukunft mehr für sich sehen, aber auch Ältere, die sich mit dem Älterwerden nicht abzufinden vermögen, die von den Versäumnissen und verpassten Chancen nicht loskommen und sich diese unerbittlich zum Vorwurf machen.

Auch Goethe mag dieses Gefühl getrieben haben, ein Gefühl, dass ihm keine Ruhe ließ. So schrieb er: »Mein eigentliches Glück war mein poetisches Sinnen und Schaffen. Allein wie sehr war dieses durch meine äußere Stellung gestört, beschränkt und gehindert« (Damm 2007, 265). Von diesem Gefühl getrieben, brach er zu seiner letzten Reise auf. Doch es dürfte nicht nur das Gefühl der Verzweiflung gewesen sein, vor dem er zu fliehen versuchte, sondern damit verbunden war vermutlich die Hoffnung, etwas Unerledigtes, Unabgeschlossenes zum Abschluss zu bringen, ein Gefühl, was viele ältere Menschen im Alter erfasst. Tatsächlich kann dadurch etwas entstehen, was Erikson (1973) als Integrität beschrieben hatte, ein seelischer Zustand, über den er sagte: »Er bedeutet die Annahme seines einen und einzigen Lebenszyklus und der Menschen, die in ihm notwendig da sein mussten und durch keine anderen ersetzt werden können. Er bedeutet eine neue, andere Liebe zu den Eltern, frei von dem Wunsch, sie möchten anders gewesen sein als sie waren, und die Bejahung der Tatsache, dass man für das eigene Leben allein verantwortlich ist« (118f.). Ein Motiv, wie es Goethe zu seiner letzten Reise getrieben haben mag, führt andere in die Psychotherapie oder Beratung, in der es dann darum geht, noch einmal auf das Leben zu blicken und dabei einen versöhnlichen Blick zu finden.

Die 80jährige Frau A. war keinen geraden Lebensweg gegangen, es hatte vieler Auseinandersetzungen und auch mancher Sackgasse bedurft, einen eigenen Weg zu finden. Früh hatte sie mit der Enge des Elternhauses gebrochen, um in einer anderen Stadt ihr Glück zu suchen. Aus einer unglücklichen Ehe brach sie aus, um schon in fortgeschrittenen Jahren zu studieren und danach im Beruf ihre Erfüllung zu finden. Jetzt an der Schwelle zum 80. Lebensjahr, von körperlichen Gebrechen geplagt und von Stimmungsschwankungen heimgesucht, drängte es sie, diesen Weg noch einmal nach zu verfolgen. Sie fand darüber nicht nur zu mehr Verständnis für sich selbst, konnte Schuldgefühle, die sie gegenüber ihren Töchtern hatte, mildern, sondern auch wieder mehr Kontakt zu den noch lebenden Schwestern. Das aber erlebte sie als große Bereicherung.

Lebensrückblick und Biografiearbeit bilden wichtige Bestandteile in der psychosozialen Arbeit mit älteren Menschen. Damit wird eine im Alter zunehmende Tendenz aufgegriffen, sich mit Vergangenem zu befassen und von früheren Zeiten zu erzählen, beginnend mit den Worten: ›Weißt Du noch‹. Ziel eines Lebensrückblicks ist es, Ältere in die Lage zu versetzen, eine Geschichte zu erzählen, in der das eigene Leben gewürdigt wird und die ein versöhnliches Gefühl entstehen lässt. Manchmal wird zunächst das Schwierige und Beschämende erinnert, doch mit der Zeit kann auch das Gute zum Vorschein kommen, dass oftmals vergessen wurde. Wenn es gelingt, auch dieses aufzunehmen und seiner Identität hinzuzufügen, kann das entstehen, was Erikson Integrität nannte (Kast 2010).

Erinnerungen gehören zu den Reichtümern des Alters, und wenn diese mit einem versöhnlichen Blick auf das eigene Leben verbunden sind, ist damit eine wichtige Grundlage für ein erfülltes Alter gelegt. Dennoch ist fraglich, ob dieses allein durch eine Vergangenheitsorientierung zu finden ist. Eriksons Theorie ist in einer Zeit entstanden, in der das Alter noch als Lebensabend verstanden wurde, das ja zum Ausdruck bringt, dass das tätige Leben seinen Abschluss gefunden hat und sich auf ein Dasein in Ruhe und Muße reduziert; Integrität beschreibt gewissermaßen diesen Endzustand, wie als Abrundung des Lebens. Doch Alter hat sich zu einer Lebensphase gewandelt, in der die innere Dynamik keineswegs zum Stillstand kommt, so dass Integrität nur als Basis verstanden werden kann, auf der sich das gegenwärtige Leben entfaltet, aus der kreative und schöpferische Kräfte erwachsen können. Diese können dem Leben auch im Alter noch einmal zu neuer Fülle verhelfen. Das Bild des Lebensabends kann man insofern auch umdeuten, ist doch die Dunkelheit die Zeit, in der die Phantasien, Träume und unerforschten Welten die Bühne betreten, die über das eigene Selbst hinaus reichen und das Leben erweitern können.

4.3 Weisheit – antiquiertes Konzept oder doch nützlich?

Die Frage nach einer möglichen Aufwertung des Alters erfordert eine Antwort auf die Frage nach dem Eigenwert dieses Lebensabschnittes. Bei der Suche danach wird auch in der Gerontologie wieder vermehrt auf den Begriff der Weisheit zurückgegriffen, der schon immer mit einem reifen, guten Alter in Verbindung gebracht wird. Der Begriff der Weisheit erscheint vielen heute antiquiert. Im öffentlichen Sprachgebrauch taucht er kaum mehr auf, und auch Psychotherapeuten lehnen ihn meist mit dem Vorbehalt ab, er sei trieb- und affektfeindlich. Allein in esoterischen Kreisen findet er Anklang, dann aber im Sinne einer fernöstlich verstandenen Weisheit, die mit Kontemplation, Rückzug und Ich-Auflösung verbunden ist. Doch können wir es uns so leicht machen, einen Begriff mit einer solch langen Tradition in der abendländischen Kultur preis zu geben?

Obwohl der Begriff der Weisheit nicht mehr so recht zur heutigen Aufbruchstimmung Älterer zu passen scheint und etwas verstaubt wirkt, hat er doch auch in der Gerontologie überlebt, und es war wiederum Erikson (1973), der in der Weisheit das Ziel der höchsten Entwicklungsstufe sah. Er war der Auffassung, dass diese nur selten zu erreichen sei, nämlich dann, wenn es gelinge, einen Zustand von Integrität zu erlangen. Weisheit war für ihn eine Art erfüllte und gelöste Anteilnahme am Leben im Angesicht des Todes. Damit hatte er einen Aspekt von Weisheit aufgegriffen, der sich bei aller Vielschichtigkeit des Begriffes in allen philosophischen wie psychologischen Auffassungen von Weisheit wiederfindet; die kürzeste Definition lautet: Weisheit ist Grenzbewusstsein (Rösing 2006, Assmann 1991). Wenn darin der Kern zu suchen ist, der mit dem Begriff der Weisheit zu fassen versucht wird, dann sollte es sich lohnen, sich ihn genauer anzuschauen.

Doch die erneute Zusammenführung von Alter und Weisheit birgt auch die Gefahr der Verdinglichung, d.h. der Zuschreibung als Eigenschaft, die dem Älteren als normative Erwartung entgegen tritt. Dann besteht der Verdacht, dass es sich eher um Wunschbilder der Jüngeren handelt, die auf die Älteren projiziert werden, was die Jüngeren beruhigt und ihnen die eigene Angst vor dem Alter nimmt. Wie kann dies verhindert werden, ohne den Begriff verwerfen zu müssen? Nachdem der große Psychoanalytiker und Gerontologe E.H. Erikson 1994 verstorben war, hat seine Frau Joan Erikson sein Werk fortgeführt und einige interessante Akzentverschiebungen vorgenommen. Sie hat nämlich erkannt, dass die bisherige Theorie im mittleren Lebensabschnitt, in der das Alter näher rückt, entstanden war, und dass damit verbundene Unbehagen durch eine Idealisierung des Alters abgewehrt wurde. Eine Patientin sagte einmal auf die Angst vor dem Alter bezogen kurz vor ihrem 80sten Geburtstag: ›Wenn man im Vorzimmer sitzt, hat man gut reden, wenn man dann aufgerufen wird, schlottern einem die Knie‹. In ähnlicher Weise schreibt jetzt Joan Erikson: ›Mit neunzig wachten wir sozusagen auf fremdem Gebiet auf. Welchen Vorwarnungen wir auch immer vorher begegneten, wir taten sie ab als komisch und sogar lustig‹ (Erikson u. Erikson 1997). Diese persönliche Erfahrung des Alters aber brachte sie zu einer neuen Sicht ihrer Theorie. Integrität, die ja eng mit Weisheit in Zusammenhang steht, wurde von Erikson als Endpunkt von Entwicklung gesehen, mithin eine undynamische Sichtweise. Joan Erikson verlebendigt den Begriff Integrität und führt ihn auf seine Wortwurzel zurück als ›Kon-takt, intakt, taktil, spürbar, berührbar‹. Damit aber wird Integrität etwas fassbares, etwas leibliches, das Kontakt zur Welt schafft. Und schließlich definiert sie dieses hehre Wort als die schlichte Tendenz, angesichts der altersbedingten Desintegration aufgrund der physischen, geistigen und sozialen Abbaus die Dinge zusammenzuhalten.

Die Frage bleibt, ob nicht auch der Begriff der Weisheit in

ähnlicher Weise ›geerdet‹ werden sollte, und tatsächlich finden wir inzwischen in der gerontologischen Literatur den Begriff der ›ordinären Weisheit‹, wobei ordinär soviel heißt wie gewöhnlich, üblich, alltäglich. Die große Weisheit wird dann zu einer kleinen Weisheit, die uns eher auch im Beratungsalltag hilft, den Blick zu öffnen für die Fähigkeiten der alten Menschen, so wie es bei Frau N. sichtbar wurde.

Frau N. war alles andere als eine weise Frau, vielmehr eine schlichte, einfache Frau ohne große Bildung, auf dem Lande lebend, und kam wegen großer familiärer Konflikte in die Beratung. Auch das Gehen bereitete ihr große Sorgen, und in letzter Zeit war sie mehrfach gestürzt, weshalb sie nur noch ungern die Messe am Sonntag besuchte und sich aus dem Dorfleben immer mehr zurückzog. Doch nun kommentierte sie ihre Defizite mit dem Satz: ›Dann muss ich eben mehr mit dem Kopf laufen‹.

Dieser Satz erstaunte, und der Berater hatte sogleich das Gefühl, dass es ein weiser Satz war, ein Satz, der ihrer spontanen Intuition entsprang – jedenfalls sah es so aus – und mit dem sie ihr Defizit auf erstaunliche Art und Weise deutete. Die Grenze, die ihr durch das Handicap gesetzt wurde, konnte sie offensichtlich akzeptieren, zugleich aber betonte sie darin verbliebene Fähigkeiten, die nun mehr genutzt werden mussten. Damit konnte sie aber auch die Angst vor Hilflosigkeit und Abhängigkeit, die ihr das Defizit bereitete, beruhigen, und sie hatte eine wichtige Voraussetzung geschaffen, sich trotz der Einschränkungen nicht vollends vom Dorfleben zurückzuziehen. Der so einfach dahin gesprochene, schlichte Satz offenbart also bei genauerer Betrachtung eine hohe Komplexität und eine alltägliche Weisheit, die nichts mit der Weisheit als großer Lebensdeutung zu tun hat, aber auch nichts mit Rückzug und Kontemplation, wie es eine fernöstliche Weisheit nahe legen würde. Eine so verstandene Weisheit bleibt handlungsorientiert und weltbezogen. Als Berater gewinnen wir dadurch den Vorteil, die Älteren nicht zu idealisieren und zu überhöhen, sie nicht mit normativen Bildern zu konfrontieren, aber dennoch einen Blick und eine Sensibilität für ihre Möglichkeiten und Ressourcen zu gewinnen, die eine wertschätzende Haltung erleichtern. So können wir etwas von ihnen lernen.

Die 75 jährige Klientin fragte immer wieder nach dem Sinn ihres Lebens, das ihr wertlos und verfehlt vorkam. Immer wieder berichtete sie von Krankheiten und Todesfällen in ihrer Umgebung, und fast schien es, als ob sie diese anziehe. Sie schilderte tröstende Brief zu schreiben oder Besuche bei Betroffenen zu machen, was sie als ihre Pflicht empfand. Bei genauerem Hinhören stellte sich heraus, wie viel positive Resonanz sie dadurch erhielt, denn es schien, dass sie ein ganz besonderes Geschick besaß, auch in schwierigsten Situationen die richtigen Worte zu finden, wofür die Betroffenen ihr überaus dankbar waren. Sie selbst hatte viel Schweres in ihrem Leben erfahren, und dies hatte in ihr die Fähigkeit wachsen lassen, vor existenziellen Situationen nicht auszuweichen, sondern viel Einfühlungsvermögen im Umgang mit Betroffenen zu entwickeln. Dass dies etwas mit Weisheit und Lebenssinn zu tun hatte, hatte sie bisher nicht erkannt, diese Ressource hatte sie nicht zu schätzen gelernt.

4.4 Demut im Alter – Das Leben als Fragment

Aus der Aussage der im letzten Kapitel erwähnten Klientin, die ihre Gehbehinderung so deutete, nun mehr mit dem Kopf laufen zu müssen, war herauszuhören (wenn es hieß ›…muss ich eben…‹), dass es ihr schwer gefallen war, sie sich überwinden musste. Es klingt, als ob sie sage, mir bleibt ja keine andere Wahl, vielleicht steckte auch ein wenig Trotz darin, der manchmal vonnöten ist, um sich nicht allzu sehr einem negativen Gefühl zu überlassen. Wie schwer aber muss es fallen, wenn die Einschränkungen gravierenderer Art sind, wenn das Gehen kaum mehr möglich ist, oder wenn Ältere infolge eines Schlaganfalls beispielsweise an den Rollstuhl oder gar ans Bett gefesselt sind, eine Situation, in der von Integrität und großer Weisheit kaum etwas übrig bleibt. Joan Erikson bringt nun in persönlicher, unverblümt offener Weise zum Ausdruck, was das hohe Alter mit ihr gemacht hat, und vor dem Hintergrund dieser persönlichen Erfahrung modifizierte sie die zusammen mit ihrem Mann entwickelte epigenetische Theorie, d.h. eine Theorie, die eigentlich darauf angelegt war, dass eine Stufe auf die anderer folgt und immer ein Stück Weiterentwicklung zum Ausdruck bringt. Nun, so Erikson, wiederholt sich im hohen Alter alles noch einmal, alle Stufen müssen noch einmal durchlaufen werden, jedoch mit umgekehrtem Vorzeichen. Im Anklang an die erste Stufe, auf der Urvertrauen entsteht, nimmt das Misstrauen angesichts abnehmender Fähigkeiten zu, angesichts zunehmender Abhängigkeit als Thema der zweiten Stufe wachsen Scham und Zweifel. Angesichts nachlassender Begeisterungsfähigkeit und Entschlusskraft lässt die Initiative nach und wächst das Schuldgefühl, angesichts der Unsicherheit über den eigenen Status und Rolle und die Frage, ›Wer bin ich eigentlich noch‹, nimmt die Identitätsdiffusion zu, angesichts zunehmender Isolation die Einsamkeit und angesichts nachlassender Leistungsfähigkeit das Gefühl der Stagnation. Schließlich rückt im Hinblick auf die oberste Stufe immer mehr das Gefühl der Verzweiflung in den Vordergrund, die rückblickende Bilanzierung, die mit Integrität verknüpft ist, verliert an Bedeutung, wenn es vornehmlich darum geht, den Tag zu bewältigen. Und was ist mit der Weisheit? ›Sie schrumpft zusammen auf die ganz einfache, sinnliche Wahrnehmung. Die positiven Pole wie Vertrauen, Autonomie, Initiative, Werksinn, Identität, Intimität, Generativität und Integrität, all diese Eigenschaften seien nur noch schwer und nur noch in wenigen Phasen oder Momenten zu erreichen. Das, was Erikson ursprünglich als Entwicklungsaufgabe postuliert hatte, nämlich die Pole auszubalancieren, gelingt immer weniger, das innere Gleichgewicht wird immer unausgewogener.

Was also bleibt im hochbetagten Alter von den Konzepten des erfolgreichen, gelungenen, schönen Alters? Folgt man

Joan Erikson, bleibt herzlich wenig davon. Sollten also die Ideen, im Alter könne sich die Persönlichkeit vervollständigen, aufgegeben werden, sollten wir endlich ablassen von der Tyrannei des gelingenden Lebens (Schneider-Flume 2002), das alles nicht gelingende als minderwertig erscheinen lässt, und was heißt überhaupt gelingen? Das Modell von Erikson – zumindest in seiner ursprünglichen Fassung – und andere Modelle, die Vervollkommnung und Ganzheit im Alter verheißen, lassen mit fortschreitendem Alter eine immer größere Kluft zur Realität erkennen. Handelt es sich also lediglich um eine Illusion, die früher oder später scheitern muss, vielleicht eine Illusion, die es ermöglicht, das negative, belastete Alter eine zeitlang nicht zur Kenntnis zu nehmen, es vor sich her zu schieben und sich vor ihm geschützt zu fühlen? Vielleicht würden wir gar nicht dieser Illusion erliegen, würden wir frühzeitig anzuerkennen bereit sein, dass Leben grundsätzlich unvollkommen, ja fragmentarisch ist, so der Theologe Henning Luther (1992). Menschen seien immer auch Ruinen ihrer Vergangenheit, so Luther, mit Brüchen und Verlusten, und sie seien ebenso Ruinen ihrer Zukunft mit dem Blick auf Neues. Der Zwang zur Ganzheit, Reife und Abgeschlossenheit von Identität und Persönlichkeit verkürze gerade die Möglichkeiten und die Beziehungen des menschlichen Lebens auch und gerade im Alter. Luther verweist darauf, dass gerade der unvollkommene, der bedürftige Mensch von Gott und den Menschen angenommen werde, während der sich als Ganzheit verstehende Mensch sich in seiner selbst produzierten Vollkommenheit als gottgleich erlebe. Um diese Unvollkommenheit anzuerkennen, bedarf es nicht vornehmlich des Glaubens, sondern der Demut, einem heute altmodisch erscheinenden Begriff, der allzu rasch mit Unterordnung und Unterdrückung verknüpft wird. Demut als eine persönlich entwickelte und gewollte Lebenshaltung jedoch ist keine peinliche Übung des Verlierens, sondern eine würdige Geste, die die Anerkennung der eigenen Grenzen und den Respekt vor Anderen und dem Leben zum Ausdruck bringt. Die Hybris unserer Gesellschaft, die immer mehr auch das Alter erfasst, so als könnten wir es austilgen (Kuhmlein u. Klie 2008), bietet dem älteren Menschen wenig Hilfestellungen, auch mit den Unvollkommenheiten, die im Alter immer offensichtlicher werden, zurecht zu kommen. Es bedarf einer neuen Alterskultur, die auch diese Begrenzungen anzuerkennen vermag.

4.5 Das Leben in der Gegenwart – Die Zumutungen des hohen Alters

Joan Erikson hatte uns einen ernüchternden Blick auf das hohe Alter zugemutet. Muss diese Ernüchterung in Hoffnungslosigkeit enden, kann es keinen Lebenssinn, keine Lebensfreude im hohen Alter geben? Dem würde unsere Erfahrung widersprechen, auf Hochbetagte zu stoßen, von denen eine erstaunliche Ausstrahlung ausgeht und die sich offenbar in einem inneren Gleichgewicht befinden. Worin aber können die Vorzüge des hohen Alters bestehen, wie kann der Ältere sich diese Vorzüge zu eigen machen, um trotz aller Einschränkungen und trotz allen Verzichts immer wieder auch ein Stück Lebenszufriedenheit zu erlangen. Ein Beispiel hierfür liefert Martin Grotjan, der als Psychoanalytiker schon in den fünfziger Jahren Arbeiten zur Psychotherapie mit Älteren verfasst hatte, und der dann – selbst im hohen Alter angekommen – einen autobiografischen Artikel mit der Überschrift: *Der Tag, an dem ich alt wurde* geschrieben hatte (vgl. Peters 2004). Es war der Tag, an dem er eine schwere Herzattacke erlitten hatte. Er schreibt: *›Jetzt fühle ich mich alt. Ich arbeite nicht mehr und gehe auch nicht mehr spazieren. Befremdlich genug, aber ich vermisse nichts. Plötzlich stellte ich fest: 50 Jahre Arbeit sind genug. Weder sorge ich mich länger um meine Patienten, noch habe ich ein schlechtes Gewissen, weil ich nicht gut genug verstehe und nicht weiß, wie ich ihnen helfen kann,. Ich bin frei von Schuldgefühlen, die unsere Arbeit sonst begleiten, weil man niemals das Gefühl hat, so gut zu sein, wie es unsere Arbeit eigentlich von uns verlangt. Lass sich nun*

andere sorgen! Mit Arbeit und Sorgen habe ich abgeschlossen‹.
Und weiter: *›Ich sitze in der Sonne und betrachte das Laub, wie es langsam über das Wasser des Swimmingpools getrieben wird. Ich denke, ich träume, ich zeichne, ich sitze. Ich fühle mich frei von Sorgen, fast frei von der Realität dieser Welt. Doch ich liebe noch in einer stillen Weise und werde geliebt von meiner Familie und meinen Freunden. Dieser südliche kalifornische Winter ist schöner, als ich ihn je zuvor gesehen habe. Wie hätte ich je denken können, dass ich glücklich sein könnte, einfach hier zu sitzen, ein wenig zu lesen und mich am Leben zu erfreuen in einer ruhigen und ausgeglichenen Art. Oder dass die Straße zu überqueren, um zur Ecke des Parks zu gelangen, mich mehr befriedigen würde als lange Wanderungen, die ich vor Jahren unternommen habe, als ich dachte, dass vier Stunden vielleicht nicht genug seien? Ich habe jetzt Zeit: Ich weiß nicht, wie viel mir noch zu leben bleibt, aber ich bin nicht in Eile. Ich verspüre keinen Drang, noch irgendwo hinzugelangen, nicht einmal an das Ende der Zeit‹* (zit. nach Peters 2004, S 13–14).

Die Schilderung Grotjans erinnert an die Schilderung Joan Eriksons, beiden ist der Schmerz anzumerken, und doch bleiben sie auch im hohen Alter auf ihre Weise mit dem Leben verbunden. Bei beiden scheint sich ein anderes Lebensgefühl eingestellt zu haben, ein verändertes Gleichgewicht jenseits eines persönlichen Narzissmus. Bei Erikson wird dies noch deutlicher, wenn sie über den Begriff der Transzendenz schreibt. Sie deutet das Überschreiten, dass in diesem Begriff ausgedrückt wird, auf eine ganz eigene Art und Weise, nämlich als Transzen-Tanz. Sie schreibt: *›Transzendenz muß nicht auf eine Erfahrung des Rückzugs beschränkt sein. Bei einer Berührung treten wir in Kontakt miteinander und mit unserem Planeten. Durch Transzen-Tanz kann man verlorene Fähigkeiten wie Spiel, Aktivität, Freude, Singen wiedergewinnen und vor allem die Angst vor dem Tod hinter sich lassen. Es bietet eine Öffnung für einen vertrauensvollen Sprung ins Unbekannte.‹* Und weiter: *›Seltsamerweise erfordert dies bei uns eine ehrliche und unerschütterliche Bescheidenheit. Dies sind wundervolle Worte, Worte, die uns zum Mitmachen an-*

regen. Transzen-Tanz – das ist es! Und es ist Bewegung. Es ist eine Kunst, es ist lebendig, singt, macht Musik, und ich umarme mich selbst wegen der Wahrheit, die es in meine Seele flüstert‹ (Erikson 1997).

Wir erleben hier eine Heiterkeit, die auch angesichts der Beschwerden und Einschränkungen des hohen Alters noch entstehen kann und die es erlaubt, mit dem Leben verbunden zu bleiben und einen Sinn in ihm zu entdecken. Sie ist aber auf Berührung angewiesen, und die ist nur zu erlangen, wenn ein Mensch zugegen ist, der sich berühren lässt und der seinerseits berührt. Ist dies nicht der Fall, ist es besonders schwer, allein aus der eigenen inneren Welt zu schöpfen und die Kraft aufzubringen, mit dem Leben verbunden zu bleiben. Wie stark die Wirkung einer Berührung sein kann, wird erfahrbar, wenn man demente Menschen körperlich berührt, die sich bereits weit in ihre eigene Welt zurückgezogen haben. Bei einer Berührung verändern sie sich und sie scheinen zumindest für einen Moment wieder in die gegenwärtige Welt zurück zu kehren.

Wohin mag der Sprung ins Unbekannte führen, von dem Joan Erikson spricht? Ist mit dem Unbekannten nicht auch das Loslassen, der Tod gemeint? Die Worte Eriksons beinhalten auch etwas von Loslassen, von Einverständnis damit, dass das Ende nahe ist. Dies gelingt leichter, wenn eine gesicherte innere Welt der Objekte zur Verfügung steht, die Urvertrauen vermitteln, das bis ans Lebensende zur Verfügung steht. Vielen Älteren hilft dabei ihr Glaube und die religiöse Einbettung, doch auch die Verbundenheit mit den Kindern und Enkelkindern, die Liebe zur Natur, wie bei Martin Grotjan, oder mit kulturellen Werken, etwa der Musik, vermitteln das Gefühl, dass etwas besteht, das über die eigene Existenz hinausreicht und Bestand hat, und mit dem ich mich verbunden fühle. Auf der Grundlage einer solchen Überzeugung verliert der Tod seinen verfolgenden Charakter und es ist leichter möglich, loszulassen. So war es bei Frau H., die gerade ihren 90. Geburtstag gefeiert hatte und nun bereit war zu gehen. Sie erfuhr ihr Leben aufgrund starker gesundheitlicher Einschränkungen nur noch als Belastung, und sie war bereit, es loszulassen, ohne dabei in Gram zu versinken. Tatsächlich scheint ein solch inneres Einverständnis dazu zu führen, dass der Tod leichter kommt (vgl. Kap. 3.3.7).

5. Die Beratung älterer Menschen – Hemmnisse, Probleme, Möglichkeiten

5.1 Beratungsangebote und Versorgungsstrukturen

5.1.1 Seniorenberatung heute – Angebote, Leistungen, Defizite

Zwar finden wir heute ein flächendeckendes Beratungsangebot für ältere Menschen und deren Angehörige vor (Peters 2009), dennoch gibt es nach wie vor Defizite. Diese kommen vor allem in der Diskrepanz zwischen Bedarf und tatsächlicher Inanspruchnahme entsprechender Angebote zum Ausdruck. Ein besonderer Bedarf besteht insbesondere bei der Gruppe der Pflegebedürftigen, bzw. von Pflege bedrohten älteren Menschen. Derzeit erhalten 3% der 60- bis 75jährigen Leistungen nach der Pflegeversicherung, bei den 75- bis 85jährigen sind es 15%, bei den 85- bis 90jährigen rund 37% und bei den über 90jährigen über 60% (6. Altenbericht 2010). Hinzu kommt ein größerer Prozentsatz mit einem Hilfebedarf, etwa aufgrund von Mobilitätseinschränkungen; so geben etwa 18% der 70 bis 85jährigen erhebliche Probleme in diesem Bereich an. Es handelt sich also um eine Gruppe, die von Pflegebedürftigkeit bedroht ist. In vielen Fällen entsteht der Beratungsbedarf nicht direkt bei den Älteren selbst, sondern bei den pflegenden Angehörigen, werden doch weiterhin ca. 3/4 aller Pflegebedürftigen zu Hause gepflegt. Doch Schneekloth und Wahl (2006) berichten, dass nur 16% der Hauptpflegepersonen regelmäßig auf Hilfsangebote zurückgreifen. Weitere 37% gaben an, dies gelegentlich zu tun, aber fast die Hälfte der pflegenden Angehörigen ist überhaupt nicht in vorhandene Hilfestrukturen eingebunden. Vetter (1997) fand, dass 60% der Betroffenen keine Kenntnisse über entsprechende Beratungs- und Unterstützungsangebote für Demenzkranke hatten.

Die Senioren- und Altenberatung, die zu den Pflichtaufgaben der Kommunen zählt, häufig aber von den großen Wohlfahrtsverbänden wahrgenommen wird, weist darüber hinaus aber auch qualitative Mängel auf. Die Studie von Heinemann-Koch und Korte (1999), in der Beratungsstellen für Senioren in NRW untersucht wurden, zeigt, dass nur 10% der Kontakte eine Stunde oder länger dauerten, ein Großteil der Beratungen war nach weniger als 10 Minuten abgeschlossen. Schon diese enge Zeitstruktur verdeutlicht, dass Beratung hier allenfalls als Information und Vermittlung verstanden wird. Auf der anderen Seite vermuteten die Berater bei einem erheblichen Teil der Ratsuchenden Einsamkeitsgefühle, bzw. familiäre Konflikte, häufig im Zusammenhang mit der Pflege. Diese Konfliktthematik wurde jedoch in den wenigsten Fällen zum Beratungsgegenstand, die psychosoziale Dimension von Beratung wird hier offensichtlich vernachlässigt.

Finden Ältere mit psychischen Erkrankungen oder Belastungen womöglich anderswo eine angemessene Hilfe? Etwa ein Viertel aller Älteren leidet an einer psychischen Erkrankung, davon etwa die Hälfte an einer Demenz und die andere Hälfte an anderen psychischen Störungen. Doch der Anteil Älterer in den Praxen niedergelassener Psychotherapeuten beträgt lediglich ca. 1% (Heuft et al. 2006). Im 2010 erschienenen Altenbericht der Bundesregierung wird ein psychotherapeutischer Behandlungsbedarf von 10% geschätzt, was aber eher eine konservative Schätzung sein dürfte. Auch hier ist somit von einer großen Diskrepanz zwischen Bedarf und Inanspruchnahme auszugehen.

Nun ziehen neuere Studien zur Häufigkeit von psychischen Belastungen im Alter die bisherigen Annahmen in Zweifel. Sie fanden nämlich eine auffallend hohe Zahl von Älteren mit einem sogenannten subdiagnostischen Syndrom, d.h. nachweisbaren psychischen Symptomen, die aber in ihrer

Anzahl und der geforderten Zeitdauer nicht ausreichen, eine spezifische Diagnose zu stellen. Besonders hoch ist diese Zahl bei Depressionen, nämlich 23%, aber auch Angststörungen scheinen sehr viel häufiger zu sein als in der Vergangenheit angenommen. Berücksichtigt man diese Ergebnisse, kommt man auf eine psychische Belastung bei mehr als der Hälfte aller älteren Menschen (zus. Heuft et al. 2010). Eine solche leichtere psychische Belastung aber kann als Hinweis auf Anpassungsprobleme und krisenhafte Verläufe in der Auseinandersetzung mit dem Altern interpretiert werden. Betrachtet man Krisen als Anlässe für psychosoziale Beratungen, dann ist von einem sehr hohen psychosozialen Beratungsbedarf auszugehen (Peters 2006). Doch in den Ehe- und Lebensberatungsstellen, in denen ein solches psychosoziales Beratungsangebot unterbreitet wird, betrug in einer Erhebung aus dem Jahre 2002 der Anteil über 60-jähriger lediglich 2,6% (Klann 2002), obwohl dies bereits einen Anstieg im Vergleich zu Zahlen aus den 90er Jahren darstellt; ähnliches gilt für die Beratungsstellen von Pro Familia. Auch hier bestätigt sich das Bild einer defizitären Versorgung älterer psychisch belasteter Menschen.

5.1.2 Versorgungsstrukturen für psychisch belastete Ältere

Wenn psychisch belastete oder kranke ältere Menschen kaum in einer psychosozialen Beratung oder Psychotherapie versorgt werden, dann erhebt sich die Frage, ob eine Versorgung völlig unterbleibt, bzw. wo sie stattfindet. Heute lässt sich sagen, dass 90% der psychisch kranken oder belasteten älteren Menschen vom Hausarzt versorgt werden. Anlässe, einen Arzt aufzusuchen, sind in der Regel körperliche Beschwerden oder Befindlichkeitsstörungen, diese aber treten bei Älteren in einer großen Häufigkeit auf. Eine Untersuchung ergab, dass über 50% mehr als 4 funktionelle körperliche Symptome schilderten, d.h. Symptome, für die es keine körperliche Ursache gab. Gewiss, Ältere leiden zunehmend unter körperlichen Einschränkungen, die behandelt werden müssen, doch es scheinen nicht nur diese zu sein, die sie zum Arzt führen, sondern auch Befindlichkeitsstörungen, die möglicherweise vom Hausarzt gar nicht richtig behandelt werden können, sondern die in einer Beratung oder Psychotherapie adäquater aufgegriffen werden könnten.

Psychisch kranke Ältere sind auch in anderen somatisch orientierten Versorgungsbereichen überrepräsentiert, vor allem in internistischen und geriatrischen Kliniken, wo zahlreiche Patienten mit psychischer Komorbidität oder sogar psychischen Erstdiagnosen behandelt werden. Nun sind besonders die geriatrischen Kliniken in den vergangenen zwei Dekaden in besonderer Weise ausgebaut worden, und diese zeichnen sich durch eine Medizin aus, die weniger technisch als vielmehr rehabilitativ ausgerichtet ist. Neben Ärzten gehören somit auch Physio- und Ergotherapeuten, Sozialarbeiter und Psychologen zu einem Behandlungsteam, das in der Regel auch durch eine seelsorgerische Betreuung ergänzt wird. Dennoch bleibt eine geriatrische Klinik die geeignete Einrichtung bei schweren körperlichen Erkrankungen, die ja häufig eine psychische Mitbeteiligung oder Komorbidität aufweisen oder aber psychische Folgeerscheinungen nach sich ziehen, die Beratung und Psychotherapie erforderlich machen. Sie sind aber kein geeigneter Ort, psychische Erkrankungen oder Belastungen im engeren Sinne zu behandeln.

Steht eine psychische Erkrankung im Vordergrund, steht ein weit gefächertes gerontopsychiatrisches Versorgungssystem zur Verfügung. Dieses umfasst die gerontopsychiatrischen Kliniken mit stationärer Unterbringungsmöglichkeit, die gerontopsychiatrischen Tageskliniken, die in Deutschland inzwischen fast flächendeckend vorhanden sind, sowie die gerontopsychiatrischen Ambulanzen, die eine Verteiler- und Zuweisungsfunktion haben. In besonderer Weise sind auch die Gedächtnissprechstunden zu erwähnen, mancherorts auch *Memory clinic* genannt. Dabei handelt es sich um ambulante Einrichtungen mit der Aufgabe der Demenzabklärung. Bei einem Verdacht auf eine demenzielle Erkrankung sollte unbedingt eine solche Einrichtung aufgesucht werden, weil hier eine umfassende Diagnostik durchgeführt werden kann. Dennoch ist zu bedenken, dass im gerontopsychiatrischen Versorgungssektor vornehmlich die psychisch schwer kranken älteren Menschen behandelt werden. Leichtere Erkrankungen, vor allem leichtere und mittelschwere Depressionen, Angststörungen, psychosomatische Erkrankungen sowie Traumafolgestörungen finden hier kaum ein angemessenes Behandlungsangebot vor. Für diese Gruppe von Erkrankungen haben sich in den letzten Jahren einige psychosomatische Kliniken geöffnet und gerontopsychosomatische Schwerpunkte geschaffen. Eine Vorreiterrolle hat dabei die Klinik am Hainberg in Bad Hersfeld übernommen, in der ein Funktionsbereich Gerontopsychosomatik und –psychotherapie eingerichtet wurde (Peters et al. 2005). Das psychoanalytische Konzept der Klinik wird ergänzt durch verhaltenstherapeutische und systemische Elemente, so dass eine spezifische Verbindung von Konflikt- und Ressourcenorientierung zum Tragen kommt. Eingebettet ist dieses Angebot in ein breit gefächertes begleittherapeutisches Programm, dass Physiotherapie, körperorientierte Verfahren, Entspannungsverfahren u.a. umfasst. Im Rahmen eines solchen multimodalen Angebotes kommt Beratungsangeboten ein besonderer Stellenwert zu. Auch im Zusammenhang mit der Nachsorge wird immer wieder auf Beratungsangebote sowie auch kirchliche Angebote zurückgegriffen, um die soziale Integration Älterer zu verbessern.

5.1.3 Beratung Älterer im kirchlichen Kontext – Versäumnisse und Chancen

Die Evangelische Konferenz für Ehe-, Familien- und Lebensberatung hat sich bereits vor einem Jahrzehnt auf einer Jahrestagung des Themas ›Beratung älterer Menschen‹ angenommen (EKFuL 2001) und damit auf die steigende Zahl Älterer in Ehe- und Lebensberatungsstellen reagiert. Tatsächlich fällt auf, dass in den Beratungsstellen in kirchlicher, insbesondere katholischer Trägerschaft der Anteil Älterer mit 6,2% höher war als in Beratungsstellen in anderer Trägerschaft (vgl. Peters 2006). Offenbar macht sich hier die stärkere kirchliche Bindung älterer Menschen, bzw. die Bindung an die Gemeinde in der Weise positiv bemerkbar, dass Schwellenängste leichter überwunden und ein Zugang zum Beratungsangebot gefunden werden kann.

Nun ist Beratung im kirchlichen Kontext nicht immer ein spezifisches Angebot, das innerhalb eines definierten zeitlichen wie örtlichen Rahmens stattfindet, so wie in Beratungsstellen üblich. In vielen Fällen ist Beratung eher ein unspezifisches Angebot, das nicht immer als solches markiert ist. Insbesondere die seelsorgerische Tätigkeit, die auch Elemente einer psychosozialen Beratung enthält, stellt ein Angebot dar, dass oftmals außerhalb eines spezifischen Rahmens in anderen Kontexten stattfindet und dabei besonders auch Ältere erreichen kann, sei es im seelsorgerischen Gespräch in der Gemeinde, sei es beim Hausbesuch, etwa aus Anlass eines Geburtstages, oder im Krankenhaus oder Pflegeheim. Gerade letzteres, bei dem es um grundlegende, vielleicht existenzielle Fragen geht, ist seit eh und je ein Bereich, in dem Seelsorger einen besonderen Zugang haben und ältere Menschen zu erreichen und zu begleiten vermögen. Beratung Älterer im kirchlichen Kontext ist also häufig inhärenter Teil der kirchlichen Altenarbeit. Obwohl dieses implizite Beratungsangebot von besonderem Wert ist, weil Ältere erreicht werden können, die ansonsten kaum zu erreichen sind, bleibt dieses Angebot doch vornehmlich auf die Gruppe der eingeschränkten, betagten Älteren beschränkt, während die Gruppe der noch ›fitten Alten‹ vernachlässigt wird. Die Studie zu Altersbildern von Pfarrerinnen und Pfarrern konnte zwar differenzierte Altersbilder in dieser Gruppe zeigen, doch diese Bilder verengen sich in der konkreten alltäglichen Arbeit auf die Gruppe der hilfsbedürftigen Alten. Klostermeier (2009) stellt fest, dass hier offenbar ein anderes Wahrnehmungsmuster greift und das Altersbild ›enggeführt‹ wird, d.h. die fitten Alten werden hier ausgeschlossen. Es scheint – wie in anderen Bereichen auch – dass sich trotz aller Wandlungen im konkreten Umgang mit älteren Menschen doch wieder ein defizitorientiertes Altersbild durchsetzt.

Die Vernachlässigung der jungen Alten wurde inzwischen auch verschiedentlich bemängelt (EKD 2009b). Zum einen handelt es sich dabei um eine Gruppe, die in besonderer Weise bereit und vielfach auch interessiert ist, sich einzubringen und zu engagieren. Diese Gruppe anzusprechen und für sich zu gewinnen könnte eine besondere Aufgabe, aber auch Chance kirchlicher Altenarbeit sein (EKD 2009b, Foitzik 2006). Zum anderen handelt es sich um eine Gruppe, die sich zweifellos auch mit psychosozialen Konflikten auseinander zu setzen hat, wie fit auch immer sie erscheinen mag. Diese Menschen mehr einzubeziehen – sei es in dem Sinne, ihnen Beratung zuteil werden zu lassen, oder in dem Sinne, sie für eine aktive Mitarbeit zu gewinnen – setzt allerdings ein verändertes Verständnis von Seniorenarbeit voraus. Zeman (1997) konnte schon vor längerem zeigen, dass traditionelle Angebote für ältere Menschen in Form von Altennachmittagen und Seniorentreffs, bei denen Unterhaltung und Zerstreuung geboten werden, heute schon weniger Anklang finden, zumindest in städtischen Bezirken. Trotzdem bleiben die kirchlichen Angebote bis heute weitgehend einem solchen klassischen Verständnis von Seniorenarbeit verhaftet (EKD 2009b). Gefragt sind jedoch mehr und mehr auch Angebote, bei denen Ältere sich aktiv einbringen und die sie mit gestalten können. Damit könnten Ältere zu wichtigen, aktiven Gemeindegliedern werden.

Beratung, Seelsorge und Gemeindepädagogik (Klie et al. 2009) als Bestandteile einer kirchlichen Altenarbeit könnten dann einen wichtigen Beitrag zur Entwicklung einer neuen Kultur des Alters leisten, einer Kultur, die es älteren Menschen ermöglicht, sich in einen öffentlichen Raum einzubringen, in dem sie sich integriert fühlen und den sie zudem mit gestalten können. In einem solchen öffentlichen Raum kann sich eine Form des Umgangs und können sich Einstellungen entwickeln, die zur Ausbildung neuer Altersbilder beitragen,

Bilder mithin, mit denen sich ein älterer Mensch identifizieren kann und die ihm das Altern erleichtern. Im kirchlichen Kontext wäre zudem eher die Chance gegeben, jenseits der euphemistischen neuen Altersbilder kulturelle Leitbilder zu entwickeln, die der ›inneren Wahrheit des Alters‹ wie es Simone de Beauvoir (1972) einmal formulierte, Rechnung tragen, und in die das Alter mit seinen positiven Seiten, aber auch seinen Schattenseiten Eingang zu finden vermag.

5.2 Beratungsbeziehung und Beratungsprozess

5.2.1 Heimliche Verbündete – Was das Vermeidungsbündnis zusammenhält

Da Beratung und Psychotherapie trotz eines hohen Bedarfs bis heute nur von wenigen älteren Menschen in Anspruch genommen wird, stellt sich die Frage nach den Gründen. Es scheint fast, als ob es ein unausgesprochenes *Vermeidungsbündnis* mit mehreren Beteiligten gibt. Dabei ist an die Älteren selbst, die Berater, sowie nicht zuletzt auch die Institutionen, Verbände und Kommunen zu denken, die für entsprechende Angebote die Verantwortung tragen. Welche Gründe spielen auf Seiten der Älteren eine Rolle (Zank, Peters, Wilz 2009, Peters 2006)?

– Ältere waren in der Vergangenheit weniger informiert darüber, was Beratung und Psychotherapie ist, was dabei geschieht und wie man sich dort verhält, es war für sie eine fremde Welt.
– Oft wirken noch Erinnerungen an die Zeit des Dritten Reiches nach, in dem alles Psychische verpönt war, ja Euthanasieprogramme das Leben Behinderter und psychisch Kranker bedrohten. Die damit verbundene Angst besteht bei manchen Älteren unbewusst bis heute fort.
– Sie selbst sind jedoch auch durch diese Zeit geprägt und haben die Einstellung erworben, dass man nicht über per-

sönliche Angelegenheiten und Gefühle spricht. Man muss sich ›zusammenreißen‹ und ›selbst mit seinen persönlichen Problemen‹ fertig werden, ist eine immer noch weit verbreitete Haltung in dieser Gruppe.
– Mit dieser Einstellung ging bei Älteren eine häufig festzustellende Konfliktscheu einher. ›Lieber nichts sagen‹, war zu einer Grundhaltung geworden. Zu einer solchen Zurückhaltung etwa im Hinblick auf Konflikte mit den eigenen Kinder trägt aber auch bei, sich auf diese angewiesen zu fühlen, und so Konflikte nicht zu riskieren.

Diese Ängste und Vorbehalte haben bis in die heutige Zeit mit dazu beigetragen, dass viele Ältere bestehende Beratungsangebote nicht oder manchmal mit großer Skepsis und Zurückhaltung in Anspruch nehmen. Eine ganz ähnliche Skepsis und Zurückhaltung lässt sich auf Seiten der Berater und Psychotherapeuten ausmachen, so dass sich gewissermaßen ein unausgesprochenes Bündnis gebildet hatte. Die Anmerkung Freuds, der zufolge Psychotherapie bei Älteren – und er meinte damit über 50jährige – wenig sinnvoll sei, hat bis heute Spuren hinterlassen. Bei älteren Menschen könne nicht mehr die Flexibilität erwartet werden, so Freud, die für eine psychotherapeutische Behandlung erforderlich sei, zudem sei das zu bearbeitende Material zu umfangreich, so seine Überlegungen (Peters 2008b). Diese ablehnende Haltung hat sich über Generationen von Psychotherapeuten und Beratern fortgesetzt und wirkt bis heute nach. Doch es sind nicht allein diese zeitgeschichtlich bedingten Hemmnisse, die einen Zugang erschweren, sondern auch Motive, die mit der spezifischen Begegnung mit Älteren zu tun haben, wobei Scheu und ausgesprochene oder unausgesprochene Vorbehalte und Ängste Älteren gegenüber von Bedeutung sind (Zank, Wilz, Peters 2009).
– Ältere nach privaten und intimen Details zu befragen, wird als Tabuverletzung erlebt, ist es doch bereits im Alten Testament nachdrücklich verboten, ›die Blöße der Älteren‹ aufzudecken.

– Zu dicht auf den Verfall der elterlichen Imagines zu blicken, kann als ängstigend erlebt werden, gibt es doch über die Kindheit hinaus den Wunsch nach mächtigen und beschützenden Eltern.
– Es können besondere Verpflichtungsgefühle gegenüber Älteren entstehen, die Abgrenzung erschweren.
– Eigene Ängste vor Alter, Abhängigkeit und Hilflosigkeit können geweckt werden.
– Die Abwehr der Sexualität Älterer kann als Abwehr eigener ödipaler und präödipaler Wünsche verstanden werden.
– Es kann eine Tendenz bestehen, sich mit Kindern oder Enkelkindern von Klienten zu identifizieren.

Beide, Ältere und Berater/Psychotherapeuten sind Mitglieder einer Gesellschaft, die sich weiterhin schwer tut, Ältere zu integrieren und als selbstverständliche Mitglieder zu betrachten. Insofern sind beide Gruppen auch Repräsentanten dieser Gesellschaft, so wie die genannten Vorbehalte auch über diese Dyade hinaus Bedeutung haben und ebenso bei Kostenträgern, Verantwortlichen und Entscheidungsträgern zu finden sind.

5.2.2 Gespräche mit Älteren – Eine schwierige Begegnung

Die anfängliche Begegnung von Älteren und Jüngeren ist durch erhebliche Diskrepanzen und Fremdheit bestimmt, die eine Feinabstimmung in der Beziehung erschweren. Dabei sind zunächst die äußeren Merkmale wie der Altersunterschied, Unterschiede in den zu bewältigenden Entwicklungsaufgaben, zumindest partiell unterschiedliche kulturelle und zeitgeschichtliche Prägungen, oftmals auch soziale und Bildungsunterschiede festzustellen. Hinzu kommt, wie Untersuchungsbefunde zeigen, dass private Kommunikationsnetze in der Regel sehr altershomogen geformt sind, d.h. im Alltag haben Ältere und Jüngere wenig miteinander zu tun, womit eine Unkenntnis darüber verbunden ist, wie die jeweils andere Generation denkt und fühlt. Diese Unterschiede erschweren die anfängliche Feinabstimmung, die aber erforderlich ist, um eine tragfähige Beratungsbeziehung zu entwickeln. So konnte Garms-Homolva (1988) in Beratungsgesprächen, die Berater des Sozialamtes mit Älteren führten, eine Asynchronizität finden. Während sich der Berater schon in einem Beratungsprozess befand, verharrte der Ratsuchende noch in einer Orientierungs- und Suchhaltung; aus einer solchen Ungleichzeitigkeit können affektive Unstimmigkeiten resultieren.

Auch die Alltagskommunikation zwischen Jüngeren und Älteren weist einige Besonderheiten auf, wie zahlreiche Studien zeigen konnten (Thimm 2000). Es sind meist die Älteren, die die Gespräche dominieren; sie geben in der Regel nicht nur die Themen vor, sondern beanspruchen auch einen viel größeren Redeanteil für sich. Tatsächlich scheint das Kommunikationsverhalten älterer Menschen in einem nicht unerheblichen Maß von einer gewissen Egozentrik geprägt zu sein, mit der sich die Jüngeren schwer tun, zumal diese durch ein Höflichkeitsgebot gebremst sind, eine aktive Rolle einzunehmen, so dass sie meist den Älteren die Gesprächsführung überlassen. Zudem wird die Dominanz der Älteren durchaus auch von den Jüngeren gefördert, indem diese nämlich immer wieder nachfragen oder auch nonverbal bzw. paraverbal den Älteren zum Weitersprechen ermuntern. Jüngere fühlen sich offenbar verpflichtet, sich mit einer Zuhörerrolle zu begnügen, nehmen sich immer wieder zurück und es fällt ihnen schwer, ihrerseits die Gesprächsführung zu übernehmen. Dies führt jedoch gleichzeitig dazu, dass die Jüngeren sich häufig unwohl fühlen und bald nach einem Weg suchen, das Gespräch zu beenden; Befragungen zeigen die Unzufriedenheit der Jüngeren, wenn sie etwa das Gefühl äußern, der Ältere habe sich nicht für sie interessiert.

Die Jüngeren greifen in einer solchen Situation häufig zu einer Kommunikationsform, die als Patronisieren bezeichnet wird. Diese zeichnet sich durch ein vereinfachtes Vokabular, eine Häufung von Diminutiva, eine vereinfachte Grammatik, besondere Anredeformen sowie die häufige Verwendung kindlicher Ausdrücke aus. Auch bleibt die Themenwahl eingeschränkt, das Gespräch verläuft eher oberflächlich und ist durch manchmal übertriebene Positivbewertungen geprägt (zus. Peters 2006). Ausgelöst wird diese Sprachform durch die vermeintliche Annahme von Einschränkungen auf Seiten der Älteren, also einem negativen Altersbild, dass rasch durch einige Altersmerkmale wie graue Haare, verlangsamte Bewegungen etc. aktiviert wird. Diese vermeintlichen Einschränkungen werden durch eine besondere Redeweise kompensiert, die psychologische Wirkung ist allerdings, das das Selbstwertgefühl der Älteren herabgesetzt und Distanz geschaffen wird. In ungleichen Dyaden geht es in der Kommunikation immer auch um Identitätsdarstellung und Identitätsschutz, und dies scheint auch in Gesprächen zwischen Jüngeren und Älteren der Fall zu sein.

Die Frage ist, welche Bedeutung solche Befunde für Beratungsgespräche haben. Dass es häufig erst gar nicht zu einer Beratung oder Psychotherapie kommt, könnte in den Kommunikationsproblemen einen Grund haben, auch dass Beratungsgespräche in Seniorenberatungsstellen häufig extrem kurz sind, als ob ein intensiverer Kontakt vermieden werden muss, kann hierin mitbegründet sein. Kommunikationsstudien liegen insbesondere zum Pflegebereich vor. Hier findet sich häufig ein Muster, dass zahlreiche Merkmale einer patronisierenden Kommunikation aufweist, im Pflegezusammenhang jedoch als *secondary-baby-talk* bezeichnet wird. Mit den Pflegebedürftigen wird in einer Art und Weise gesprochen, wie es sonst nur mit Kindern der Fall ist. Ältere werden dabei – durchaus in guter Absicht – bevormundend und überfürsorglich behandelt, damit aber wird jegliche Form von Selbstständigkeit und Gleichberechtigung verhindert, ja häufig wird eine Regression in Gang gesetzt, die die Abhängigkeit der Älteren weiter verstärkt. Aber nicht nur Pflegepersonal, sondern auch andere Berufsgruppen sind vielfach nicht ausreichend dafür geschult, in angemessener Weise mit Älteren zu kommunizieren. Eine bessere Vorbereitung ist hier dringend vonnöten.

5.2.3 Die Beratungsbeziehung – Unbewusste Verstrickungen

Die beschriebenen Diskrepanzen in der Begegnung jüngerer Berater und älterer Klienten wirken sich nicht nur auf der Ebene der Kommunikation, sondern auch auf einer unbewussten Ebene aus. In der Psychoanalyse ist die These formuliert worden, dass der offensichtliche Altersunterschied zwischen beiden Beteiligten besonders am Beginn eine spezifische Form der Übertragung hervorbringt, nämlich die sogenannte *umgekehrte Übertragung*. Obwohl auch bei Älteren der Wunsch nach mächtigen Eltern besteht, die bei Jüngeren von Beginn an die Übertragung formen, werden die jüngeren Berater zunächst eher als Kinder oder Enkelkinder erlebt, eine Reaktion, die dem Älteren hilft, Vertrautheit herzustellen und Identität zu sichern. An die Jüngeren werden Wünsche nach besonderer Zuwendung, Hilfestellung und Versorgung herangetragen, wie sie ansonsten den eigenen Kindern gelten, oder sie werden zunächst nicht in ihrer Expertenrolle akzeptiert, manchmal sogar entwertet. Für Berater stellt diese Form der Übertragung oft eine besondere Herausforderung, ja Verunsicherung ihrer professionellen Identität dar, insbesondere dann, wenn sie die Enttäuschung trifft, die eigentlich den eigenen Kindern gilt.

Als eine ältere Klientin voller Enttäuschung über ihren Sohn sprach, und dabei verächtlich mit dem Finger in den Raum deutete, als ob sie mit dem Finger auf ihn zeigte, identifizierte sich der Berater unweigerlich mit dem Sohn und dachte: ›Wie kann man so über seine Kinder sprechen‹. Obwohl er diesen Gedanken nicht aussprach, führte diese negative umgekehrte Übertragung dazu, dass sie sich auch über den Berater enttäuscht äußerte und nicht wieder kam.

Gelingt es, eine solche Beziehungskonstellation rechtzeitig zu erkennen und zu berücksichtigen, besteht die Chance, die in der Beziehung zur jüngeren Generation unbewältigt gebliebenen Konflikte zu erleben und durchzuarbeiten. Oft werden die Berater aber auch mit der Erwartung konfrontiert, der bessere Sohn oder die bessere Tochter zu sein, und der Ältere spart nicht mit Lob und Anerkennung. Eine solche narzisstische Aufwertung ist verführerisch, doch wenn sich der Berater mit diesem Übertragungsangebot identifiziert, verliert er die erforderliche Distanz, er wird unfrei, auch die schmerzlichen Dinge zu beleuchten. Auch fühlt er sich oftmals unter Druck, Besonderes leisten zu müssen, ein Gefühl, dass sich auch zur Belastung bis hin zum Burnout ausweiten kann, wie es besonders bei Pflegekräften oft der Fall ist, die sich manchmal nur schwer einer solchen Übertragung entziehen können.

Im Laufe der Zeit wird diese Form der Übertragung meist abgelöst von einer regulären Elternübertragung, oft bestehen aber beide Formen auch nebeneinander. Auch diese ist für jüngere Berater oft nicht leicht zu handhaben. Sich in der Sohn- oder Tochterposition zu befinden, ist ihnen vor dem eigenen Erfahrungshintergrund in der eigenen Familie vertrauter, und sie vermeiden es eher, in eine Elternübertragung zu gelangen.

Eine ältere Ratsuchende zeigte sich enttäuscht von einer jüngeren Beraterin, hatte diese doch zu ihr gesagt, sie könne von ihr so viel lernen, schließlich habe sie so viel Lebenserfahrung.

Auch wenn dies zutreffend sein mochte, so spiegelte sich darin doch die Angst der Beraterin wieder, ihre professionelle Position einzunehmen. Sie hielt an einer Tochterübertragung fest, und vermied es, von der Klientin in elterlicher Position wahrgenommen zu werden. Das Regressionsbedürfnis des Älteren zu akzeptieren, daran zu arbeiten und es in eine reife, bewusst angenommene Abhängigkeit zu verwandeln, fällt Jüngeren oft schwer.

5.2.4 Eine hilfreiche Beziehung entwickeln – Begegnung zulassen

Eine mürrische, eigentlich verschlossene ältere Klientin kam mit ihrem Rollator in die Beratungsstelle und ließ alle spüren, dass sie nicht gern kam. Die Beraterin ließ sich davon nicht beirren, hörte ihr aufmerksam zu und konnte zunehmend Interesse an der Geschichte finden, die die Klientin mitgebracht hatte, und die sie zunächst gar nicht bereit war, preis zu geben. Die Klientin erzählte dann immer mehr, um am Ende die Frage zu stellen: Müssen Sie das wirklich alles wissen?

Ältere kommen oft mit einer erheblichen Ambivalenz in die Beratung. In der Frage der Klientin äußert sich nicht nur Ablehnung und Zweifel, sondern auch die Hoffnung: ›Interessiert sie das wirklich?‹, ›Kann ich das hier wirklich alles erzählen?‹. Damit hatte sie den ersten Schritt getan, ihre Ambivalenz zu überwinden und ein konstruktiver Beratungsprozess konnte beginnen. Wie aber kann der Berater einen solchen Prozess fördern, wie kann er das Vertrauen des Klienten gewinnen?

Ein Therapeut oder Berater läuft Gefahr, sogleich alles verstehen und ›weganalysieren‹ zu wollen, wodurch eine wirkliche Begegnung vermieden wird. Stattdessen ist es zunächst einmal seine Aufgabe, die ›Zwischentöne‹ im Erzählstrom wahrzunehmen, die Hintergründe zu verstehen und die Desiderate des Unbewussten herauszuschälen. Dieses Hören mit dem ›dritten Ohr‹ setzt voraus, nicht in der Gegen- und Eigenübertragung gefangen zu sein, sondern diese reflektierend zu handhaben und die Bereitschaft aufzubringen, sich vom Klienten berühren zu lassen und dessen Leiden geduldig zu ertragen. Der Berater sollte in der Lage sein, in ›annehmender Passivität‹ die Gefühle des Klienten aufzunehmen, ja stellvertretend für ihn auszuhalten, was keineswegs ein Unsichtbarwerden im Schweigen bedeutet. Diese ›Container-Funktion‹, von der in der Psychoanalyse gesprochen wird, kommt in der Beratung Älterer, in der es oft um schwer zu ertragende Gefühle von existenzieller Bedeutung geht, eine nicht zu unterschätzende Bedeutung zu. Indem der Berater die Gefühle und das vom Klienten selbst Abgelehnte aushält und in sich ›verdaut‹, kann der Klient sich mit ihm identifizieren und seinerseits die abgelehnten Seiten seines Selbst und der verleugneten Gefühle, die nicht selten mit dem Alter selbst zu tun haben, leichter aushalten und einen Umgang mit ihnen finden. Aktionismus lässt ein solch ruhiges, aufnehmendes, ›verdauendes‹ Beratungsklima nicht entstehen, sondern birgt die Gefahr, dass Aktivität die Funktion einer interpersonellen Abwehr gewinnt. Hinzu kommt, dass eine Beratungshaltung von ›annehmender Passivität‹ auch im Hinblick auf eine Aneignung des Alters von Bedeutung sein kann, weil sie eine implizite Anerkennung von Werten wie Rezeptivität, Gelassenheit und Langsamkeit vermittelt, die für ein gelingendes Altern unerlässlich sind (Peters 2008).

Diese wichtige Grundhaltung allein reicht allerdings nicht aus. Zu einer Begegnung kann es nur kommen, wenn der Berater vom Klienten als ›wirkliches Gegenüber‹ (Winnicott 1993) wahrgenommen werden kann. Was damit gemeint sein kann, hatte Yalom (2008) wie folgt beschrieben: »In meiner Arbeit mit Patienten strebe ich vorrangig nach Verbundenheit. Zu diesem Zweck handle ich in unbedingt guter Absicht: keine Uniform oder Kostümierung; keine Demonstration von Diplomen, Berufsgraden und Auszeichnungen; kein Wissen vorspielen, das ich nicht habe; nicht leugnen, dass existenzielle Dilemmas auch bei mir ins Schwarze treffen; keine Weigerung, Fragen zu beantworten; mich nicht hinter meiner Rolle verstecken; und zuletzt, meine eigene Menschlichkeit und meine eigenen Verwundbarkeiten nicht verbergen« (Yalom 2008, S. 197). So kann ein Klima entstehen, indem sich nicht nur die äußeren Konflikte, sondern auch die innere Welt des Älteren entfalten kann.

Ältere greifen in dieser verunsichernden Situation häufig auf eine Fähigkeit zurück, über die viele von ihnen in besonderer Weise verfügen, nämlich die Kunst des Erzählens. Sie erzählen Geschichten aus ihrem heutigen Leben, aber auch von früher, und dabei entfaltet sich ihre Lebenswelt mit all ihren Schwierigkeiten und Nöten, aber eben auch in all ihrem Reichtum und ihrer Vielfalt. Ein solcher Gesprächsfluss kann durch eine Haltung des ›aktiven Zuhörens‹ gefördert werden, die dadurch zum Ausdruck gebrachte Wertschätzung lässt im Älteren das Vertrauen entstehen, sich angstfrei öffnen und die Scham in der ihm fremden Situation überwinden zu können. Erzählen hat für Ältere eine vielfältige Bedeutung, es verschafft Anerkennung und soziale Resonanz, ihm kommt eine generative Funktion zu und es dient der inneren Verarbeitung von Erfahrungen. Auch in Beratung und Psychotherapie kommt dieser Ressource Älterer eine wichtige Aufgabe zu, sie trägt zum Aufbau der Beziehung bei und setzt einen Prozess der Auseinandersetzung in Gang. Dieser führt dazu, im Laufe der Zeit auch die eine oder andere Geschichte zu hinterfragen, weil das Problematische allzu sehr ausgeklammert geblieben war. Dann geht es darum, sie vielleicht etwas umzuschreiben, damit eine kohärente Lebensgeschichte entsteht, in der auch das Problematische anerkannt werden kann. Sich für die Geschichten, die Ältere zu erzählen haben, zu interessieren, dürfte eine wichtige Voraussetzung sein, mit Älteren arbeiten.

5.2.5 Den Beratungsprozess entfalten – anregen, ermuntern, erproben

Die heutige Praxis in der Beratung Älterer entspricht weitgehend dem Konzept einer sozialen Beratung, die auf die Probleme in der sozialen Lebenswelt zentriert. Soziale Beratung, bzw. Case Management ist zweifellos in zahlreichen Fällen adäquat, doch die in diesem Buch skizzierte Entwicklung der Lebensphase Alter lässt einen wachsenden psychosozialen Beratungsbedarf vermuten. Im Unterschied zur sozialen Beratung zielt psychosoziale Beratung darauf ab, einem belasteten oder desorientierten Klienten Orientierungs-, Planungs-, Entscheidungs- und Bewältigungshilfe zu geben. Im Sinne einer Hilfe zur Selbsthilfe soll die Handlungssicherheit des Klienten zur Bewältigung eines aktuellen Problems erhöht werden (Schnoor 2011). Neben Informationsvermittlung ist damit auch eine Reflexion der Ursachen der aktuellen Problemlage sowie eine Neustrukturierung und Neubewertung der Situation verbunden, vor diesem Hintergrund sollen Problemlösungen ermöglicht werden. Dabei geht es wesentlich darum, die Eigenbemühungen des Ratsuchenden zu unterstützen und seine Kompetenzen zur Bewältigung der anstehenden Aufgaben zu erhöhen. Der Form nach ist Beratung dabei als zwischenmenschliche Hilfe zu verstehen, die auf einem helfenden Beziehungsangebot beruht und sich als sozialer Interaktions- und Kommunikationsprozess darstellt.

Dieser Ansatz geht über soziale Beratung hinaus, unterscheidet sich aber gleichwohl von Psychotherapie, obwohl er nicht ohne Rückgriff auf psychotherapeutische Elemente auskommt (Peters 2006). Wie in der Psychotherapie wird der Ratsuchende nicht vornehmlich als Hilfeempfänger gesehen, dem Objektstatus zugeschrieben wird. Vielmehr besteht das Ziel darin, dem Subjekt mehr Möglichkeiten zu verschaffen und das eingangs vorgetragene konkrete Beratungsanliegen auf seine ›Türöffnerfunktion‹ hin zu prüfen. Um entscheiden zu können, ob ein Problem durch eine Information oder einen Ratschlag zu lösen ist, oder aber ein psychosozialer Blick vonnöten ist, benötigt der Berater Kompetenzen im Umgang mit Älteren und darüber, was ältere Menschen bewegt und beschäftigt. In vielen Fällen besteht dann die Aufgabe darin, einen Reflexionsprozess anzuregen, in dem der Ältere eben nicht nur als Objekt von Fürsorge gesehen wird, wie es in der klassischen Altenberatung immer noch zu oft der Fall ist, sondern als Partner, der in der Lage ist, seine Situation zu durchleuchten und Lösungen zu finden. Den Klienten dazu anzuregen, bedarf eines aktiven Beraterverhaltens. Eine Liste möglicher Techniken, die aus der psychotherapeutischen Arbeit stammen, aber die für die Beratung Älterer geeignet sind, hat Fürstenau (1992) beschrieben:
– Akzeptieren, Bestätigen;
– Verstärken, Bekräftigen, Ermuntern;
– Beschreiben, Fokussieren, konfrontierendes Hervorheben, Akzentuieren, Modellieren;

- In-den-Zusammenhang-Stellen, Umdeuten, Interpretieren;
- Deklarieren einer Werthaltung;
- Aufgaben-Stellen, Veranlassen, etwas Bestimmtes zu tun, Fragen

Durch eine aktive Interventionshaltung, die immer in einem ausgewogenem Verhältnis zum ›containen‹ stehen sollte und nicht mit Aktionismus zu verwechseln ist, kann ein Prozess der Bearbeitung und der Lösung von Konflikten und Krisen eingeleitet werden. Dabei steht immer auch die lebensweltliche Perspektive im Vordergrund, dadurch nämlich unterscheidet sich der Klient in einer Beratung von einem Psychotherapiepatienten. Psychotherapie und psychosoziale Beratung sprechen ihre jeweilige Klientel auf unterschiedlichen Problemebenen an. Wer eine psychotherapeutische Behandlung in Anspruch nimmt, definiert sich als krank, wer hingegen eine Beratung aufsucht, fühlt sich von bestimmten Anforderungen der sozialen Welt überfordert (Großmaß, 2005). Darauf aber sollte immer wieder der Fokus gerichtet werden.

5.3 Zukünftige Entwicklungen – Zwischen Hoffen und Bangen

In welche Richtung wird die weitere Entwicklung gehen? Veränderungen werden unumgänglich sein, weil sich die nachrückenden Kohorten von den vorherigen unterscheiden und andere Erwartungen, vielleicht auch Forderungen an den Tag legen werden. Doch welche Konsequenzen sind daraus im Hinblick auf Versorgungsgesichtspunkte und insbesondere im Hinblick auf Beratung zu ziehen?

Zunächst einmal ist wichtig zu sehen, dass nicht nur die Älteren selbst, sondern auch die Berater sich ändern, bzw. sich in mancherlei Hinsicht von der Vorgängergeneration unterscheiden, die von Älteren nicht viel wissen wollten. Diese Ablehnung scheint sich allmählich aufzulösen, dies zeigt sich etwa in dem wachsenden Interesse an Fortbildungen zum Thema oder wachsender Bereitschaft, Ältere in Beratung, bzw. Behandlung zu nehmen. Befragungsergebnisse hierzu liegen lediglich für Psychotherapeuten vor. Sie lassen erkennen, dass es vornehmlich selbst bereits in einem fortgeschritteneren Alter, d.h. jenseits des 50. Lebensjahres befindliche Therapeuten sind, die sich für diese Arbeit interessieren (Imai et al. 2008). In diesem Alter, so die schwedische Autorin Tudor-Sandahl (2003), wirft das Alter seinen Schatten voraus. Diese Gruppe entwickelt offenbar eine größere Offenheit, weil ihre Mitglieder selbst auf diesen Lebensabschnitt zugehen und sich mit den damit verbundenen Fragen und Problemen befassen. Hier also treffen sich Berater, bzw. Psychotherapeuten und Ältere. Das Vermeidungsbündnis scheint sich zunehmend aufzulösen.

Damit kommt eine Entwicklung in Gang, die allmählich auch zu einer größeren Inanspruchnahme von Psychotherapie und psychosozialer Beratung führt. Neuere Befunde zeigen, dass der Anteil über 60jähriger in den Praxen der Psychotherapeuten inzwischen immerhin 5,6% erreichte, allerdings auf 2,4% bei den über 65jährigen sank (Imai et al. 2008). Das stellt eine eklatante Unterversorgung dar, aber eine Trendwende ist dennoch zu erkennen: Auch in Psychosomatischen Kliniken, in denen Psychotherapie und Beratung eine größere Rolle spielen, lässt sich eine Zunahme älterer Patienten ausmachen. Inzwischen ca. 20 Kliniken in Deutschland befassen sich in irgendeiner Form mit dem Thema Alter und machen entsprechende Angebote.

Doch trotz dieser positiven Signale ziehen auch neue dunkle Wolken auf, die insbesondere den Beratungsbereich im engeren Sinne betrifft. So ist der derzeitige Abbau von Beratungsangeboten, auch und vor allem im kirchlichen Bereich, nicht zu übersehen. Damit wird gerade der Beratungssektor reduziert, der auch von Älteren allmählich mehr frequentiert wird und in dem sie ein psychosoziales Beratungsangebot vorfinden. Dieser Abbau geht somit auch und vor allem zu Lasten der Älteren. Auch im Bereich der Alten- und Angehörigenberatung ist eher eine problematische Entwicklung auszumachen, weil in Folge des Pflegeversicherungserweiterungsgesetzes neue Strukturen entstehen, die Spielräume für Beratungsprozesse, die über kurze Gespräche hinausgehen, mehr einengen. Eine Reduktion auf ein ausschließliches Case Management läuft der in diesem Buch beschriebenen Entwicklung allerdings zuwider.

6. Epilog – Von der Aneignung des Alters

Das Leben im Alter als ein Sein zum Tode zu deuten hat eine lange Tradition und greift einen wichtigen Aspekt des Alters auf, vermag es heute jedoch allein nicht mehr zu erfassen. Alter als eigenständige Lebensphase ist mehr als das, es bietet noch einmal ein Stück zusätzliches, manchmal sogar neues Leben, auch wenn am Ende immer der Tod steht. Ich möchte diesen Prozess, wie ich es andernorts bereits getan habe, mithilfe einer Metapher beschreiben (Peters 2008). Das Bild der Bühne, das die Psychoanalytikerin Joyce McDougall (1988) in ihrem Buch *Theater der Seele* als Metapher zur Beschreibung des Seelenlebens benutzte hatte, bietet eine Hilfestellung. Jeder von uns, so schreibt sie, beherbergt im Universum seines Inneren eine Reihe von ›Charakteren‹, von Teilen seiner selbst, die häufig in Widerspruch zueinander stehen, und mit denen wir dennoch einen Umgang zu finden haben. Das wird manchmal zum Problem, suchen doch die inneren Charaktere ständig nach einer Bühne zur Aufführung, um am Lebenstheater mitzuwirken und die Tragödien und Komödien mit zu gestalten. Mit Beginn des Alters, so könnte man das Bild erweitern, verändert sich das Spielgeschehen, da ein neuer Mitspieler auf der Bühne erscheint. Dies erweist sich in der Regel als schwierig, da ein neuer Mitspieler nicht immer willkommen ist, womöglich von den etablierten Spielern als Störenfried betrachtet und zurückgewiesen wird. Auch ist der neue Mitspieler nicht immer sogleich zu erkennen, weil er womöglich maskiert erscheint, kommt doch das Alter oftmals ›auf leisen Sohlen‹, so dass man es lange Zeit nicht zur Kenntnis nehmen muss. Oft, aber keineswegs immer sind es zunächst die körperlichen Signale, die ja keine Sprache haben und deshalb leicht unerkannt bleiben, aber dennoch dem Spielgeschehen ihren Stempel aufdrücken können, oder aber andere kleine Veränderungen, die sich schleichend bemerkbar machen, etwa eine allmählich eingeschränkte Mobilität, die den Älteren angewiesen sein lassen auf Hilfen, so dass das abhängige Selbst die Bühne betritt. Manchmal kommt das Alter aber auch gleich mit Macht und drängt sich in den Mittelpunkt, dann, wenn es sich unverhofft durch einschneidende Veränderungen, Krankheiten oder Verluste bemerkbar macht. Wie auch immer der neue Mitspieler in Erscheinung tritt, ob er sich sogleich in den Vordergrund drängt oder eher am Rande, im Schatten des Bühnenlichts verbleibt, so kann sich doch das Stimmengewirr auf der Bühne vermehren und das Spielgeschehen ins Stocken geraten. Dem Ich fällt nun, um mit Nietzsche zu sprechen, die Rolle zu, zum Regisseur seiner Lebensimpulse oder zum Dirigenten seines Stimmengewirrs zu werden. Um den neuen Mitspieler – oft sind es ja gleich mehrere – integrieren zu können, muss ihm seine Rolle zugewiesen werden, er muss sich mit dem Spielgeschehen vertraut machen und in Beziehung treten zu den bisherigen Spielern. Vielleicht müssen einige der bisherigen Akteure in den Hintergrund rücken oder ganz die Bühne verlassen, so wie Abschied und Trauer zu jedem Alternsprozess gehören. Indem sich die Regieanweisungen verändern und die Bühne neu ausgeleuchtet wird, können aber auch innere Charaktere mehr ins Blickfeld rücken, die bisher im Bühnenhintergrund verblieben waren, vielleicht sogar erstmals die Bühne betreten, weil sie durch das Alter dazu ermuntert werden. Sie können das Spielgeschehen bereichern und ihm neue Lebendigkeit und Spannung verleihen. Ob dies gelingt, entscheidet darüber, wie sich das Spielgeschehen weiter entwickelt.

Wenn allerdings das Ich als Regisseur seine integrierende Rolle nicht wahrzunehmen vermag und die neuen Mitspieler das Spielgeschehen lähmen, verliert das Spiel an Dynamik, es droht zu erstarren, so wie es Thomas Mann (1912) in *Tod in Venedig* beschrieben hatte. Aschenbach, der alternde Schriftsteller, vermag es nicht, zu seinem alternden Körper ein annehmendes Verhältnis zu gewinnen, so sehnt er sich nach einem jungen, schönen Knaben, Ebenbild seiner verlorenen Jugend. Doch vor seinem ›alternden Leib‹ ekelt er sich, der Anblick seines grauen Haares, seiner scharfen Gesichtszüge stürzt ihn in Scham und Hoffnungslosigkeit. Gequält blickt er beim Kosmetiker in den Spiegel, doch als dieser anfängt, ihn zu schminken, glaubt er für einen Augenblick, seine Jugend wieder gefunden zu haben. Doch diese Hoffnung währt nur wenige Augenblicke, die Maske fällt und kurz darauf liegt er tot im Strandkorb.

Die Psychoanalytikerin Kathleen Woodward (1988) hat die Arbeit von Thomas Mann analysiert und ihr einen Roman des australischen Nobelpreisträgers Patrick White mit dem Titel *Im Auge des Sturms* entgegen gestellt. Darin wird aus der Perspektive der Pflegerinnen der körperliche Verfall der über achtzigjährigen Elizabeth Hunter beschrieben, und zwar in drastischen Worten, als ob der Körper ins Animalische absinkt, nur noch als bloße Materie vegetiert, so Wooward. White schreib: »ihre Augenlider sind Schuppen, ihre Finger kalkige Klauen, ihr Körper eine ausgetrocknete Garnele, ihre Lippen klebrige Streifen, ihre Beine wie graue Streichhölzer, ihre Haut in« ausgetrocknete Runzeln zerkrümelt« (White 1974, 111). Doch trotz dieser Hinfälligkeit des Köpers, die der Autor schonungslos beschreibt, halten sich ihr Wille, ihre Eitelkeit, ihr ätzender Witz, ja selbst ihre Begierden zäh aufrecht. Sie weiß was sie will, und zu Ehren der Heimkunft des Sohnes haben die Pflegerinnen ihren Körper zu verwandeln, was mit Humor, ergreifender Selbsterkenntnis und voller, oft tragischer Empfindungskraft geschildert wird. Es wird eine subtile Lust spürbar, und für einen Moment weht ein Hauch der Vergangenheit hinüber, als die Leute ihre Unterhaltung unterbrachen, wenn sie im weißen Kleid die Treppe herabkam. Doch es bleibt – anders als bei Aschenbach – eine Distanz, ein Spiel, und in keinem Augenblick gerät die Realität des Alters völlig aus dem Auge. Als Schwester Manhood ihr die Wangen getönt hat und sich nun an den Lippen zu schaffen machen möchte, herrscht Elizabeth Hunter sie an: »Sie haben die Zähne vergessen, Schwester, die *Zähne*! Sie können doch überhaupt nichts mit meinen Lippen anfangen, ehe sie nicht die Zähne rein getan haben. Ist Ihnen das nicht klar?‹ (White 1974, 114).

Das Theater der Seele ist bei Elizabeth Hunter nicht zum Erliegen gekommen, und es wird ein kleines Stück inszeniert, das sie selbst mitgestaltet und das zwischen Realität und Phantasie liegt. Man fühlt sich an Winnicotts Konzept des Übergangsobjekts erinnert, das in ähnlicher Weise einen Zwischenraum beschreibt, der kreative Gestaltungsmöglichkeiten offen lässt. Es kommt darauf an, auch im späten Leben einen kreativ-spielerischen Innenraum zu erhalten, in dem neue Realität geschaffen werden kann, aber dennoch in keinem Augenblick die Realität des Alters verloren geht. In diesem Innenraum können sich auch die jugendlichen Mitspieler auf der Bühne zeigen, wenn auch vielleicht nur zu besonderen Anlässen wie bei Elizabeth Hunter. Dieser Innenraum unterliegt keinen Alterseinflüssen, er bleibt erhalten, auch wenn die äußere Welt sich im betagten Alter längst verschlossen hat. Auch Aschenbach inszeniert etwas, doch ihm geht die innere Distanz verloren, die Inszenierung ist eine Maskierung, und als er dies entdeckt, bricht er zusammen.

Das Theater der Seele bleibt bis zum letzten Atemzug erhalten, auch wenn sich im Laufe der Zeit das Spielgeschehen zentriert, verlangsamt, an Dynamik verliert, so kann es doch immer wieder neu belebt werden. Und wie bei jedem Theaterstück offenbart sich womöglich erst am Ende der tiefere Sinn. Wenn es gelingt, immer wieder die Rolle des Regisseurs zu übernehmen und das Stimmengewirr zu einem Chor zu vereinen, dann wäre das erreicht, was mit Aneignung gemeint ist, und das Spiel könnte weiter gehen, bis der Vorhang am Ende des Lebens für immer fällt.

Adressen und Hilfeeinrichtungen

Organisationen und Verbände

Kuratorium Deutsche Altershilfe
Wilhelmine-Lübke-Stiftung e.V.
An der Pauluskirche 3
50677 Köln
E-Mail: info@kda.de
www.kda.de

Deutsches Zentrum für Altersfragen (DZA)
Manfred-von-Richthofen-Str. 2
12101 Berlin-Tempelhof
E-Mail: ida@dza.de
www.dza.de

Evangelische Arbeitsgemeinschaft für Altenarbeit (EAFA)
Herrenhäuser Str. 12
30419 Hannover
E-Mail: eafa@ekd.de
www.aktiv-im-alter.net

Informationen über die Arbeit der Evangelischen Konferenz für Ehe-, Familien- und Lebensfragen (auch Mentoren und Supervisoren) unter www.ekful.de

Hilfen für psychisch belastete oder kranke ältere Menschen

Beratungsstellen der evangelischen Landeskirchen und Diakonischen Werke unter www.evangelische-beratung.info

Bundesarbeitsgemeinschaft für Alten und Angehörigen-beratungsstellen (BAGA)
Christa Matter,
Geschäftsführerin Alzheimer-Gesellschaft Berlin e.V.
Friedrichstr. 236
10969 Berlin
E-Mail: info@baga.de
www.baga.de

Deutsche Alzheimer-Gesellschaft
Selbsthilfe Demenz
Friedrichstr. 236
10969 Berlin
E-Mail: susanne.saxl@deutsche-alzheimer.de
www.deutsche-alzheimer.de

Deutsche Gesellschaft für Gerontopsychiatrie und -psychotherapie e.V. (DGGPP)
Geschäftsstelle
Postfach 1366
51675 Wiehl
E-Mail: GS@dggpp.de
www.dggpp.de

Klinik am Hainberg
Funktionsbereich Gerontopsychosomatik und -psychotherapie
Ludwig-Braun-Str. 32
36251 Bad Hersfeld
E-Mail: J.Lindner@Klinik-am-Hainberg.de
www.Klinik-am-Hainberg.de

Fortbildung

Institut für Alternspsychotherapie und Angewandte Gerontologie
Geschäftsführer Prof. Dr. phil. Meinolf Peters
Schwanallee 48a
35037 Marburg
06421-175660
E-Mail: info@alternspsychotherapie.de
www.alternspsychotherapie.de

Evangelisches Zentralinstitut für Familienberatung (EZI)
Auguststr. 80
10117 Berlin
E-Mail: ezi@ezi-berlin.de
www.ezi-berlin.de

Zeitschriften

Psychotherapie im Alter. Forum für Psychotherapie, Psychiatrie, Psychosomatik und Beratung (PIA)
Schriftführer: Dr. med. J. Kipp
Felsengarten 9
34225 Baunatal
E-Mail: j.kipp@psychotherapie-im-alter.de
www.psychotherapie-im-alter.de

Literatur

Albani, Cornelia/Gunzelmann, Thomas/Bailer, Harald/Grulke, Norbert/Brähler, Elmar, Religiösität und transpersonales Vertrauen als Ressource im Alter, in: Bäurle, Peter/Förstl, Hans/Hell, Daniel/Radebold, Hartmut/Riedel, Ines/Studer, Karl (Hg.), Spiritualität und Kreativität in der Psychotherapie mit älteren Menschen, Bern 2005, 274–285.
Altenbericht, Altersbilder in der Gesellschaft, Sechster Bericht zur Lage der älteren Generation in der Bundesrepublik Deutschland, Berlin 2010.
Amery, Jean, Über das Altern. Revolte und Resignation, Stuttgart 1968.
– Wie viel Heimat braucht der Mensch, in: ders. Jenseits von Schuld und Sühne. Bewältigungsversuche eines Überwältigten, Stuttgart 1980.
Assmann, Aleida, Weisheit: Archäologie der literarischen Kommunikation III, München 1991.
Auer, Alfons. Geglücktes Altern. Eine theologisch-ethische Ermutigung, Freiburg 1995.
Baumann, Urs/Mitmansgruber Horst/Thiele, Claudia/Feichtinger, Ludwig, Übergang ins Pflegeheim: eine Herausforderung für Senioren – und für Psychologen, in: Marcker Andreas (Hg.), Alterspsychotherapie und klinische Gerontopsychologie, Berlin 2002, 283–319.
Beauvoir, Simone de, Das Alter, Reinbek 1972.
Becker, Ernest, Die Überwindung der Todesfurcht, Olten 1973.
Bobbio, Noberto, Vom Alter – De Senectute, Berlin 1997.
Boss, Paulina. Leben mit ungelöstem Leid, München 2000.
Brähler, Elmar/Goldschmidt, Susanne/Kupfer, Jörg, Männer und Gesundheit, in: Brähler, Elmar/Kupfer, Jörg (Hg.), Mann und Medizin, Göttingen 2001, 11–34.
Bruder, Jens, Filiale Reife – ein wichtiges Konzept für die familiäre Versorgung kranker, insbesondere dementer alter Menschen, Zeitschrift für Gerontopsychologie und -psychiatrie, 1988, 1: 95–101.
Böhmer, Otto A., Schopenhauer oder Die Erfindung der Altersweisheit, München 2010.
Bucher, Thomas, Sexualität nach der Lebensmitte: Wünsche, Wirklichkeiten und Wege. Psychotherapie im Alter, 2005, 3:79–95.
Butler, Robert N./Lewis, Myrna I, Alte Liebe rostet nicht, Bern 1996.
Camus, Albert, Der Mythos des Sisyphos, Reinbek 1966 (^{12}2010).
Chamberlain, Sigrid, Adolf Hitler, die deutsche Mutter und ihr erstes Kind, Giessen 1997.

Charbonnier, Lars, Religion als Ressource im Alter, in: Kumlehn, Martina/Klie, Thomas (Hg.), Aging, Anti-Aging, Pro-Aging. Altersdiskurse in theologischer Deutung, Berlin 2009, 33–56.

Damm, Sigrid, Goethes letzte Reise, Frankfurt 2007.

Decher, Friedhelm, Verzweiflung. Anatomie eines Affekts, Lüneburg 2002.

Didion, Jean, Das Jahr magischen Denkens, Berlin 2005.

Dörner, Klaus, Leben und sterben, wo ich hingehöre. Dritter Sozialraum und Hilfesystem, Neumünster 2007.

Dornes, Martin, Die Modernisierung der Seele, Psyche 2010, 11:995–1034.

Eagleton, Terry, Der Sinn des Lebens, Berlin 2008.

Ehrenreich, Barbara, Smile or Die. Wie die Ideologie des positiven Denkens die Welt verdummt, München 2010.

EKD, Im Alter neu werden können. Eine Orientierungshilfe des Rates der Evangelischen Kirche in Deutschland, Gütersloh 2009a.

EKD, Die Evangelische Kirche und die älteren Menschen. Ergebnisse einer Studie über die Altersbilder von Pastorinnen und Pastoren in Deutschland, Hannover 2009b.

EKFuL, ›Du bist so jung wie Deine Zuversicht‹ – Psychologische Beratung älterer Menschen. Ev. Konferenz für Familien- und Lebensberatung, Bonn 2001.

Erikson, Erik H., Identität und Lebenszyklus, Frankfurt 1973.

Erikson, Erik H./Erikson Joan M, The Life Cycle Completed. (Extended version with new chapters on the ninth stage of development by Joan M. Erikson), New York 1997.

Ernst, Heiko, Weitergeben! Anstiftung zum generativen Leben, Hamburg 2008.

Flem, Lydia, Wie ich das Haus meiner Eltern leer räumte, München 2004.

Foitzik, Karl, Kompetenzen und Engagement älterer Menschen. Ressourcen für Kirche und Gemeinde, Praktische Theologie, 2006, 280–283.

FOCUS, Was heißt hier alt? Daten, Fakten, Psychologie, 2007, 51.

Fooken, Insa, Wege in die ›Lieblosigkeit‹ – Lebensverlaufsmuster und seelische Gesundheit bei Männern und Frauen im Kontext von Scheidung/Trennung nach langjähriger Ehe, in: Peters Meinolf/Kipp Johannes (Hg.), Zwischen Abschied und Neubeginn. Entwicklungskrisen im Alter, Giessen 2002, 157–173.

Ford, Richard, Die Lage des Landes, Berlin 2008.

Fran, Mathias, …, Psychotherapie im Alter, 2011 (im Druck).

Franzen, Jonathan, Das Gehirn meines Vaters, Der Spiegel, Sonderheft Wissen: Die Reise ins Vergessen, 2010, 50–63.

Freud, Sigmund, Zeitgemäßes über Krieg und Tod, GW XII, Frankfurt 1915.

– Trauer und Melancholie. Studienausgabe, GW Bd. II, Frankfurt 1916, 193–213.

Fürstenau, Peter, Entwicklungsförderung durch Therapie, München 1992.

Garms-Homolova, Viola, Die unverschuldete Anspruchnahmeinflation. Zeitschrift für Gerontologie 1988, 21:5–9.

Guardini, Romano, Die Lebensalter. Ihre ethische und pädagogische Bedeutung, Kevelar 1957 (^{14}2010).

Goltermann, Svenja, Die Gesellschaft der Überlebenden. Deutsche Kriegsheimkehrer und ihre Gewalterfahrungen im Zweiten Weltkrieg, München 2009.

Gröning, Katharina, Entweihung und Scham, Frankfurt 1998.

Gröning, Katharina/Kunstmann, Anne-Christin/Rensing, Elisabeth, In guten wie in schlechten Tagen, Frankfurt 2004.
Großmaß, Ruth, Welchen Beitrag leistet Beratung zur psychosozialen Versorgung? Psychotherapie im Dialog 2005, 6:184–188.
Heidegger, Martin, Sein und Zeit, Tübingen 1927 (^{17}1993).
Heinemann-Koch, Marianne/Korte, Elke, Seniorenberatung in Nordrhein-Westfalen, Teil I: Organisationsformen, Leistungsbilanz, Erfahrungen, Berlin 1999.
Hesse, Hermann, Über das Alter, in: ders., Eigensinn. Autobiographische Schriften, Frankfurt 1972.
Heuft, Gereon/Kruse, Andreas/Radebold, Hartmut, Lehrbuch der Gerontopsychosomatik und Alternspsychotherapie, Heidelberg ^{2}2006.
Hillmann, James, Vom Sinn des langen Lebens, München 2004.
Hirsch, Rolf D., Gewalt gegen alte Menschen – aktuelle Traumatisierungen, Psychotherapie im Alter, 2004, 1:111–123.
Honneth, Axel, Die Ghettoisierung der Alten – eine gesellschaftliche Herausforderung im Lichte der Anerkennungstheorie, in: Bauer Annemarie/Gröning Katharina (Hg.), Die späte Familie, Giessen 2007, 139–153.
Imhof, Arthur E., Die Lebenszeit. Vom aufgeschobenen Tod und von der Kunst des Lebens, München 1988.
Imai, Tanja/Telger, Klaus/Wolter, Dirk/Heuft, Gereon, Versorgungssituation älterer Menschen hinsichtlich ambulanter Richtlinien-Psychotherapie, Zeitschrift für Gerontologie und Geriatrie, 2008, 41:486–496.
Jaques, Eliot, Death and the mid-life crisis, Int. J. Psychoanal., 1965, 46:502–518.
Jaspers, Karl, Philosophie, Heidelberg 1973.
Jellouschek, Hans, Wenn Paare älter werden. Die Liebe neu entdecken, Freiburg 2008.
Jens, Inge, Unvollständige Erinnerungen, Reinbeck 2009.
Kast, Verena, Was wirklich zählt, ist das gelebte Leben. Die Kraft des Lebensrückblicks, Freiburg 2010.
Kazis, Cornelia/Ugolini, Bettina, ›Ich kann doch nicht immer für die da sein‹. Wege zu einem besseren Miteinander von erwachsenen Kindern und betagten Eltern, München 2008.
Kernberg, Otto, Some observations on the process of mourning, International Journal of Psychoanalysis, 2010, 91:601–619.
Keupp, Heiner, Beratung als Förderung von Identitätsarbeit in der Spätmoderne, in: Nestmann, Frank/Engel, Frank/Siekendiek, Ursel (Hg.), Das Handbuch der Beratung, Band I., Tübingen 2004, 469–485.
Kierkegaard, Sören, Die Wiederholung, in: ders., Gesammelte Werke, Frankfurt 1843 (Neuauflage 2009), 105–175.
Klann, Notker, Institutionelle Beratung – ein erfolgreiches Angebot. Feldstudie zur Ergebnisqualität in der Partnerschafts- und Eheberatung, Freiburg 2002.
Klie, Thomas, Diakonik: Für(s) Alter sorgen. Zwischen Betreuung und Altersmanagement, in: Klie, Thomas/Kumlehn, Martina/Kunz, Ralph (Hg.), Praktische Theologie des Alterns, Berlin 2009, 575–597.
Klostermeier, Birgit, Wächst die Kirche mit ihrem Alter? Pastoraltheologie, 2009, 98:360–379.
Koch-Straube, Ursula, Fremde Welt Pflegeheim, Bern ^{2}2009.

Kruse, Andreas, Sterbende begleiten. Anthropologische Überlegungen, psychologische Beiträge und Erarbeitung von psychosozialen Grundlagen einer Sterbebegleitung, in: Schmitz-Scherzer Reinhard (Hg.), Altern und Sterben, Bern 1992, 63–103.
- Zur Religiosität und Spiritualität im Alter, in: Bäurle, Peter/Förstl, Hans/Hell, Daniel/Radebold, Hartmut/Riedel, Ines/Studer, Karl (Hg), Spiritualität und Kreativität in der Psychotherapie mit älteren Menschen, Bern 2005, 49–64.
- Das letzte Lebensjahr, Stuttgart 2007.

Kruse, Andreas/Schmitt, Eric/Maier, Gabriele/Pfendtner, Pirjo/Schulz-Nieswandt, Frank, Der alte Mann – körperliche, psychische und soziale Aspekte, in: Brähler, Elmar/Kupfer, Jörg (Hg.), Mann und Medizin, Göttingen 2001, 34–54.

Kruse, Andreas/Wahl, Hans-Werner, Zukunft Altern. Individuelle und gesellschaftliche Weichenstellungen, Heidelberg 2010.

Kuhmlein, Martina/Klie, Thomas (Hg.), Aging, Anti-Aging, Pro-Aging. Altersdiskurse in theologischer Deutung, Stuttgart 2009.

Kuratorium Deutsche Altershilfe (KDA), Verbesserung der Wohnatmosphäre im Heim. Planungshilfe, Köln 2004.

Lang, Frieder/Baltes, Margret, Brauchen alte Menschen junge Menschen? Überlegungen zu den Entwicklungsaufgaben im hohen Lebensalter, in: Krappmann, Lothar/Lepenies, Annette (Hg.), Alt und jung. Spannung und Solidarität zwischen den Generationen, Frankfurt 1997, 161–184.

Langer, Ellen/Rodin, James, The effects of choice and enhanced personal responsibility for the aged. A field experiment in an industrial setting, Journal of personality and social psychology, 1976, 34:191–198.

Lifton, Robert Jay, Der Verlust des Todes, München 1986.

Lindner, Reinhard, Suizidalität und Suizidprävention im Alter, in: Lindner, Joachim/Peters, Meinolf (Hg), Psychische Gesundheit im Alter, Hofheim 2011 (im Druck).

Luft, Helmut/Vogt, Monika, Das Älterwerden entdecken, Hofheim 2010.

Lutter, Henning, Identität als Fragment. Praktisch-theologische Überlegungen zur Unabschließbarkeit von Bildungsprozessen, in: ders., Religion und Alltag. Bausteine zu einer Praktischen Theologie des Subjekts, Stuttgart 1992, 160–183.

Lüscher, Kurt, Erben und Vererben. Ein Schlüsselthema der Generationenforschung, in: Lettke, Frank (Hg.), Erben und Vererben. Gestaltung und Regulation von Generationenbeziehungen, Konstanz 2003, 125–142.

Lütz, Manfred, Lebenslust. Wider die Diät-Sadisten, den Gesundheitswahn und den Fitness-Kult, München 2002.

Mann, Thomas, Der Tod in Venedig, Frankfurt 1913 (Ausgabe 1992).

Marquard, Odo, Zur Diätetik der Sinnerwartung, in: ders. (Hg.), Apologie des Zufälligen, Stuttgart 1986, 33–54.

McDougall, Joyce, Theater der Seele, München 1988.

Moltmann, Jürgen, Im Ende der Anfang. Eine kleine Hoffnungslehre, Gütersloh 2003.

Nassehi, Armin/Weber, Georg, Tod, Modernität und Gesellschaft. Entwurf einer Theorie der Todesverdrängung, Opladen 1989.

Nühlen-Graab, Maria, Philosophische Grundlagen der Gerontologie, Heidelberg 1990.
Otten, Dieter, Die 50+ Studie. Wie die jungen Alten die Gesellschaft revolutionieren, Reinbeck 2009.
Peters, Cheryl L./Hooker, Karen/Zvonkovic, Anisa M., Older Parents Perception of Ambivalence in Relationships With Their Children, Family Relations 2006, 55:539–551.
Peters, Meinolf, Aktives Altern oder die 'Entdeckung der Langsamkeit‹, in: Peters, Meinolf/Kipp, Johannes (Hg.), Zwischen Abschied und Neubeginn. Entwicklungskrisen im Alter, Giessen 2002, 87–103.
– Klinische Entwicklungspsychologie des Alters. Grundlagen für psychosoziale Beratung und Psychotherapie, Göttingen 2004.
– Psychosoziale Beratung und Psychotherapie im Alter, Göttingen 2006.
– Die gewonnenen Jahre. Von der Aneignung des Alters, Göttingen 2008a.
– Altern und Psychotherapie – Von der Annäherung zweier Fremder. Ein klinisches Feld gewinnt Konturen, Psychotherapie im Dialog 2008b, 9:5–13.
– Beratung älterer Menschen – Versuch einer Bestandsaufnahme, Psychotherapie im Alter 2009, 6:9–21.
– Psychodynamische Beratung Älterer – Auf der Suche nach Identität, in: Schnoor Heike (Hg.), Psychodynamische Beratung, Göttingen 2011 (im Druck).
Peters, Meinolf/Gehle, Bettina/Lindner, Joachim, Identitätskonflikte im Alter – Aufgabe für die gerontopsychosomatische Rehabilitation, Psychotherapie im Alter 2006, 3:97–111.
Radebold, Hartmut, Die dunklen Schatten unserer Vergangenheit, Stuttgart 2006.
– Abwesende Väter und Kriegskindheit, Stuttgart ²2010.
Rauh, Helga, Frühe Kindheit, in: Oerter, Rolf/Montada, Leo (Hg.), Entwicklungspsychologie, München ²1987.
Rahner, Karl, Schriften zur Theologie, Band 7, Frömmigkeit früher und heute, Zürich 1966.
Rentsch, Thomas, Philosophische Anthropologie und Ethik der späten Lebenszeit, in: Baltes, Paul B./Mittelstraß, Jürgen (Hg.), Zukunft des Alterns und gesellschaftliche Entwicklung, Berlin 1992, 283–305.
Rose, Helmut, Beschleunigung. Die Veränderung der Zeitstrukturen in der Moderne, Frankfurt 2005.
Rosenmayr, Leopold, Schöpferisch Altern. Eine Philosophie des Lebens, Wien 2007.
Rothermund, Klaus/Mayer, Anne-Kathrin, Altersdiskriminierung. Erscheinungsformen, Erklärungen und Interventionsansätze, Stuttgart 2009.
Rösing, Ina, Weisheit: Meterware, Maßschneiderung, Missbrauch, Kröning 2006.
Rüegger, Heinz, Das eigene Sterben. Auf der Suche nach einer neuen Lebenskunst, Göttingen 2006.
Schachtner, Christa, Störfall Alter. Für ein Recht auf EigenSinn, Frankfurt 1988.
Schlaffer, Hannelore, Das Alter. Ein Traum von Jugend, Frankfurt 2003.
Schmidbauer, Wolfgang, Ein Land – drei Generationen. Psychogramm der Bundesrepublik, Freiburg 2009.

Schneekloth, Ute/Wahl, Hans-Werner (Hg.), Selbständigkeit und Hilfebedarf bei älteren Menschen in Privathaushalten, Stuttgart 2006.
Schneider, Peter, Rebellion und Wahn. Mein '68, Köln 2008.
Schneider-Flume, Gunda, Leben ist kostbar. Wider die Tyrannei des gelingenden Lebens, Göttingen 2002.
– Alter – Schicksal oder Gnade? Göttingen 2008.
Schnoor, Heike, Psychodynamische Beratung, Göttingen 2011.
Schopenhauer, Arthur, Aphorismen zur Lebensweisheit, Stuttgart 1991 (Erstveröffentlichung 1851).
Schreiber, Mathias, Was von uns bleibt. Über die Unsterblichkeit der Seele, München 2008.
Schütz, Rudolf/Meier-Baumgartner, Hans Peter (Hg.), Der Schlaganfall-Patient, Bern 1994.
Seidl, Claudius, Schöne junge Welt. Warum wir nicht mehr älter werden, München 2005.
Sennett, Richard, Der flexible Mensch. Die Kultur des neuen Kapitalismus, Berlin 1988.
Siegfried, Detlef, Time is on My Side. Konsum und Politik in der westdeutschen Jugendkultur der 60er Jahre, Göttingen 2006.
Sölle, Dorothee, Mystik des Todes, Stuttgart 2003.
Stein, Bertram von der, Paranoid-schizoide Aspekte von Spiritualität bei gläubigen Christen, Psychotherapie im Alter 2008, 5:47–61.
Sturm, Vilma, Alte Tage, München 1988.
Sydow, Kirstin von, Die Lust auf Liebe bei älteren Menschen, München 1992.
Teegen, Frauke/Meisters, Verena, Traumatische Erfahrungen deutscher Flüchtlinge am Ende des II. Weltkrieges und heutige Belastungsstörungen, Zeitschrift für Gerontopsychologie und -psychiatrie 2000, 13:112–124.
Theweleit, Klaus, Männerphantasien, Frankfurt 1986.
Thimm, Caja, Alter als Kommunikationsproblem, in: Fiehler, Reinhard (Hg.), Verständigungsprobleme und gestörte Kommunikation, Radolfzell 2002, 177–197.
Timm, Uwe, Am Beispiel meines Bruders, Köln 2003.
Tolstoij, Leo, Der Tod des Iwan Iljitsch, Köln 2008 (Erstauflage 1885).
Tudor-Sandahl, Patricia, Das Leben ist ein langer Fluss. Über das Älterwerden, Freiburg 2003.
Vaillant, George, Aging Well. Surprising Guideposts to a Happier Life from the Landmark. Harvard Study of Adult Development, New York 2002.
Vetter, Peter, Belastung von Angehörigen und Inanspruchnahme von Hilfen bei Alzheimer Demenz, Zeitschrift für Gerontopsychologie und -psychiatrie 1997, 10:175–185.
Vogt, Michael, Beziehungskrise Ruhestand. Paarberatung für ältere Menschen, Freiburg 2004.
White, Patrick, Im Auge des Sturms, München 1974.
Winnicott, Donald W., Reifungsprozesse und fördernde Umwelt, Frankfurt 1993 (Erstveröffentlichung 1965).
– Über die Fähigkeit, allein zu sein, Psyche 1958, 12:344–352.

Wittgenstein, Ludwig, Tractus logico-philosophicus: Logisch-philosophische Abhandlungen, Frankfurt 1963.
Wittkowski, Joachim/Schröder, Christina (Hg.), Angemessene Betreuung am Ende des Lebens, Göttingen 2008.
Woodward, Kathleen, Der alternde Körper: Argumente und Szenen, in: Gumbrecht, Hans Ulrich (Hg.), Materialität der Kommunikation, Frankfurt 1988, 599–614.
Worden, James W., Beratung und Therapie in Trauerfällen, Bern 1999.
Yalom, Irvin D., Existenzielle Psychotherapie, Köln 1989.
– In die Sonne schauen. Wie man die Angst vor dem Tod überwindet, München 2008.
Zank, Susanne/Peters, Meinolf/Wilz, Gabriele, Klinische Psychologie und Psychotherapie im Alter, Stuttgart 2009.
Zeman, Peter, Was ist ›moderne Altenarbeit‹? Berlin 1997, Diskussionspapier Nr. 9.